Emprender en la era digital

Tres casos de emprendedores con teoría integrada

Ferran Vendrell

Esteban Lafuente

Prólogo de Vicente Salas-Fumás

Autores:

Ferran Vendrell, University of Birmingham

Esteban Lafuente, Universitat Politècnica de Catalunya

ISBN: 978-84-942118-0-5

DL: B-7026-2014

© OmniaScience (Omnia Publisher SL) 2014

Diseño de cubierta: OmniaScience

Fotografía cubierta: © eyetronic - Fotolia.com

A nuestros padres

Prólogo

La publicación a mediados de los setenta del libro *Estrategia Competitiva* (las "Cinco Fuerzas") de Michael Porter, completado años después con el de *Ventaja Competitiva*, del mismo autor, marcan un antes y un después en la investigación y la docencia en dirección de empresas. Aunque pueden hacerse distintas valoraciones sobre el impacto de estos libros en el pensamiento y en la acción de la función directiva de empresas y organizaciones, una que nos parece particularmente destacable es que la obra temprana de Michael Porter representa el inicio en el uso de los métodos de análisis propios de la Economía, al estudio de la rivalidad competitiva entre empresas en mercados bajo competencia imperfecta. El análisis económico mejora significativamente la capacidad de estudiosos y profesionales para establecer las relaciones de causa efecto entre las conductas (estrategias) empresariales, y los resultados económicos (rentabilidad) de las empresas, bajo distintos supuestos sobre estructura y rivalidad en los mercados. La trazabilidad desde las acciones a los resultados es un aspecto clave para la gestión de las empresas, y también para determinar si la competencia en el mercado es suficiente para conseguir objetivos colectivos de bienestar, aspecto relevante para los órganos de Defensa de la Competencia, y que las empresas no deben ignorar.

La Economía tiene su propio método de creación y validación de conocimiento, que no siempre casa bien con la practicidad que generalmente envuelve la actividad profesional de los directivos empresariales. La ordenación docente de los estudios de dirección de empresas acostumbra a incluir cursos de análisis económico de los mercados y de la competencia, dentro del bloque de cursos de Economía, y cursos de estrategia competitiva dentro de los cursos de Dirección de Empresas. Sin embargo, al menos por mi experiencia, las enseñanzas de los economistas en los cursos sobre mercados y competencia, y las enseñanzas en los cursos de estrategia son conjuntos disjuntos. Por tanto los alumnos encuentran mucha dificultad para relacionar los contenidos de las distintas materias y aprender de dicha relación. El resultado final es que los alumnos desaprovechan la oportunidad de aumentar el valor de los conocimientos económicos a través de hacerlos útiles para la toma de decisiones de gestión.

A lo largo de estos años se han escrito libros, como ejemplo destacado señalemos el libro *Economics of Strategy* de David Besanko y coautores, que acercan la economía de los mercados al ámbito profesional de la dirección de empresas pero, en nuestra opinión, son insuficientes y existe todavía mucho trecho por el que avanzar en esta dirección. El libro para el que con mucho gusto escribo este prólogo a petición de los autores, constituye un ejemplo magnífico de ejercicio pedagógico en combinar las herramientas de análisis de la economía de los mercados y de las organizaciones, con el estudio de la formulación de estrategias y de la toma de decisiones. La novedad del libro radica en proponer al lector-estudiante un caso práctico de gestión empresarial y demostrar que puede resolverse haciendo uso de conceptos y herramientas propios de la Economía. La resolución de los "casos" utilizando los conceptos del análisis económico de los mercados conecta la teoría y la práctica en un mismo ámbito de aplicación lo que proporciona notables sinergias de aprendizaje en las dos direcciones. Es por ello que el libro debe ser igualmente útil para que los estudiantes de las disciplinas profesionales aprecien el valor práctico de las enseñanzas de economía, y para que los estudiantes de economía aprendan de la práctica para saber donde están los límites de los modelos.

Por otra parte, como bien destacan los autores del libro en su prefacio, los casos seleccionados añaden al realismo propio de esta herramienta pedagógica, el exponer una problemática de gestión donde la protagonista es una empresa relativamente joven y por ello pequeña. El rigor en el estudio de los problemas mejora la comprensión de los mismos independientemente del tamaño y edad de las empresas, pero las empresas jóvenes y pequeñas son las más vulnerables ante posibles errores graves de gestión.

En resumen, un libro innovador en el planteamiento pedagógico, adaptado a las necesidades de conocimientos de gestión de cualquier empresa que opera en mercados competitivos, y escrito con el entusiasmo propio de unos jóvenes profesores preocupados por dar el máximo valor social a su trabajo académico. Espero y deseo que el libro tenga la acogida que se merece porque ello significará que se abre una nueva vía en la enseñanza de la dirección de empresas en cuyos beneficios sociales creo profundamente.

Dr. Vicente Salas-Fumás
Catedrático de Economía de la Empresa en la Universidad de Zaragoza

Doctorado en Management Science por la Universidad de Purdue (USA), el profesor Salas-Fumás ha publicado extensamente en las áreas de estrategia, gobernanza de organizaciones, performance empresarial y diseño de incentivos. En 1992 recibió el Premio Rey Jaime I por sus contribuciones en el análisis económico de las organizaciones. Sin lugar a dudas un referente en España en el campo de la economía de la empresa.

Prefacio

Este libro es un esfuerzo por desmitificar y organizar nuestro pensamiento acerca de los emprendedores y la creación y gestión de empresas a través del análisis sistemático de casos. Este esfuerzo tiene fuertes raíces prácticas, y responde a nuestro afán por abordar un problema en la forma en que este conocimiento se transmite. Los cursos sobre emprendimiento y creación y de empresas han ganado gran popularidad en las últimas décadas. Sin embargo, aún hoy en día no se cuenta con una base sólida y homogénea de ideas para desarrollar este tipo de cursos.

Durante las últimas décadas, las escuelas de negocios han dedicado gran cantidad de recursos al estudio de las actividades emprendedoras y a las operaciones dentro de las grandes corporaciones. Sin embargo, este tremendo esfuerzo dedicado al estudio de las grandes corporaciones no se corresponde con los recursos dedicados al estudio riguroso del proceso de creación y al crecimiento de las pequeñas y medianas empresas (PYMEs). Es posible encontrar trabajos que intentan presentar a ambos tipos de organización de una forma simbiótica, sin embargo, el dinamismo y encanto de las grandes corporaciones parece seducir a los académicos y reducir su interés por el emprendedor y por sus pequeñas y medianas empresas. Esto a pesar de que las PYMEs aglomeran a más del 95% de la población de empresas en cualquier país con una economía de mercado. De esta forma, la gran mayoría de estudios de casos y textos académicos se centran excesivamente en las grandes corporaciones (por ejemplo, en cómo IKEA© logró introducir innovaciones radicales en el mercado de muebles o cómo Apple© se creó y desarrolla nuevas herramientas electrónicas de forma periódica; cómo Disney© comercializa *Mickey Mouse* en Asia y Europa o cómo McDonald's© logró introducir el Big-Mac en India y en China).

Este libro es nuestra forma de presentar una alternativa para ampliar nuestro conocimiento sobre la creación y gestión de pequeñas y medianas empresas a través de un análisis profundo de casos reales de pequeñas empresas donde los emprendedores se enfrentan a distintos procesos de toma de decisión a lo largo del tiempo.

La orientación práctica de este libro lo convierte en un experimento didáctico de gran relevancia ya que permite integrar la teoría económica, así como distintos postulados relacionados con la creación y organización de empresas en una serie de escenarios reales a los cuales los emprendedores deben enfrentarse con el objetivo de sacar a sus empresas adelante en distintos entornos de mercado. Este libro es por tanto útil tanto para la comunidad académica como para profesionales y estudiantes, principalmente aquellos interesados en ampliar su conocimiento sobre el proceso de creación y la gestión de nuevas empresas.

Este libro también es un estímulo intelectual para los lectores que están obligados a relacionar conceptos disjuntos para poder extraer el valor práctico subyacente en él. En un contexto digitalizado en el que podemos conseguir la información que necesitemos con pocos clics es importante realizar ejercicios didácticos que estimulen el pensamiento y requieran al estudiante un esfuerzo diferente al de memorizar. Este enfoque esta muy bien justificado en el nuevo libro de Luis Garicano, catedrático en la *London School of Economics,* titulado *El Dilema de España* (Ed. Atalaya, 2014). Según Luis Garicano el mercado de trabajo en la actualidad demanda capacidad de análisis y flexibilidad, y no la capacidad de memorizar tan extendida en el sistema educativo español. El presente libro ofrece un ángulo distinto, ayudando modestamente a corregir este sesgo formativo.

En un contexto caracterizado por serios desequilibrios económicos, la actividad emprendedora y la creación de empresas han recuperado su atractivo y popularidad. La actividad emprendedora a nivel mundial muestra una tendencia creciente durante la última década (Global Entrepreneurship Monitor: www.gemconsortium.org), y cada vez hombres y mujeres sueñan con lanzarse a la carrera emprendedora en lugar de desarrollarse profesionalmente en el seno de una gran organización. Además, administraciones públicas de distinta ideología vuelcan su mirada hacia el emprendimiento como mecanismo para aliviar el desempleo y generar crecimiento económico. Este renovado interés por la actividad emprendedora y el crecimiento de las PYMEs conlleva un significativo aumento en la demanda de conocimiento estructurado sobre los aspectos distintivos de los emprendedores y de sus empresas.

Este es un libro desarrollado a partir de la reflexión profunda de lo que debe ser la educación de la economía de la empresa, y que tipo de herramientas innovadoras se pueden desarrollar para combinar de la forma más efectiva posible la literatura académica con sus implicaciones y aplicaciones en la realidad.

En nuestra opinión los libros de texto y casos de estudio contemporáneos no consiguen transmitir todas las interrelaciones entre los distintos modelos económicos y empresariales. Paro ello proponemos un enfoque novedoso del caso de estudio, alejándonos de la perspectiva centralista tradicional para dar paso a una visión que integre distintos aspectos propios del caso con elementos concretos provenientes de postulados teóricos que contribuyen a que el lector tenga una mayor y más profunda comprensión del caso analizado. En particular buscamos relacionar el proceso de creación de empresas y el desempeño de estas organizaciones con teorías existentes de economía y gestión empresarial. Entre ellas la importancia del análisis de mercado y la cadena de valor de Michael Porter, la teoría microeconómica establecida de la competencia empresarial en distintos escenarios, o la evaluación del desempeño empresarial y el resultado de la implementación de estrategias de negocio específicas.

Además, somos conscientes de la escasez de casos de estudio que analicen PYMEs con una cartera de clientes corporativos, concepto conocido como modelo de negocio Business-to-Business (B2B), o de negocios que implanten tecnologías digitales en el sector servicios. Por tanto, otro de los objetivos importantes del libro es acercar a las aulas este tipo de casos. En particular los casos descritos en este libro se enfrentan a procesos de cambio tecnológico, lo que lleva a éstos emprendedores a introducir cambios radicales en su modelo de negocio. En este sentido hacemos especial hincapié en la evaluación de procesos de toma de decisión estratégica, teniendo en cuenta tanto sus aciertos como sus errores.

Los casos se han seleccionado cuidadosamente para analizar en profundidad y de forma sistemática el proceso de adaptación a cambios en las fuerzas competitivas en un sector (Capitulo 1: Antón y Mariam: Inmortalizando erotismo de alto standing), la creación y evolución de la intensidad competitiva de un sector (Capitulo 2: AIDIT: Del cielo al infierno: Creación y evolución de un mercado), y finalmente el desarrollo profesional a través de la creación de empresas dentro de un mismo sector (Capitulo 3: Patrick Puck: Emprender en la nube tecnológica).

El primer capítulo analiza el caso de Anton y Mariam. Este caso describe como dos jóvenes fotógrafos supieron encontrar un nicho de mercado muy provechoso dentro

Fuerzas competitivas de Porter:
Análisis del sector

Teoría Microeconómica:
Competir en distintos escenarios

Cadena de Valor:
Procesos de creación de valor

Valoración de Empresas:
Desempeño empresarial

Capítulo 1:
Antón y Mariam

Capítulo 2:
AIDIT

Capítulo 3:
Patrick Puck

del competitivo sector de la fotografía. Su destacable capacidad de adaptación a la digitalización del sector les ha permitido ganarse una gran reputación dentro del segmento de la fotografía erótica.

El segundo capítulo desarrolla el caso de AIDIT, organización pionera en el sector de las acreditaciones de proyectos de I+D+i. La posición dominante de mercado propia de ser la primera empresa en un sector no duró mucho tiempo, debido a la subsecuente entrada de competidores en el mercado. En un sentido metafórico el caso de AIDIT puede verse como el sueño de Dante desde una perspectiva económica, solo que en este caso el sueño se desarrollaría en sentido opuesto ya que se pasaría del Paraíso (monopolio) al Purgatorio (oligopolio), para finalmente caer en el infierno (competencia perfecta y desaparición). Obviamente el incremento de competencia es positivo para el consumidor final, pero es francamente duro desde el punto de vista empresarial, en especial cuando el propio emprendedor se da cuenta que no logró obtener el máximo rendimiento económico a su idea de negocio debido a la falta de barreras a la entrada, y por la falta de adaptación a las condiciones dinámicas de un mercado emergente.

El segundo y tercer caso presentado en el libro están enlazados por el hecho que los emprendedores involucrados en ambos casos tuvieron la opción de vender sus participaciones en sus empresas. Esta es una decisión muy difícil para cualquier emprendedor ya que la opción de salida implica valorar el negocio de cara a ofertas del exterior. El emprendedor también tiene un lazo emocional con su empresa, y muchas veces esto minimiza la posibilidad de venta ya que el emprendedor por un lado conoce a fondo su negocio y su potencial, y por otro puede sobrevalorar el potencial de su proyecto. Como se puede ver en el capítulo 2 se decidió no vender AIDIT cuando el valor de la empresa estaba en lo más alto. Por el contrario, Patrick Puck decidió vender Order Motion© por un elevado precio, a pesar de que con los nuevos accionistas la empresa continuó creciendo hasta que fue adquirida por NetSuite©, un gigante de Silicon Valley. En el capítulo 3 vemos como Patrick Puck desarrollo una empresa de cloud computing en los 90, cuando el concepto era incipiente. Order Motion© fue uno de los primeros desarrolladores de software de optimización en la gestión de pedidos por internet. Cuando Patrick decidió vender ésta empresa, siguió emprendiendo y fundó en Barcelona su segundo proyecto: Puck Solutions©. En su nueva aventura emprendedora Patrick logró desplazar su negocio dentro de la cadena de valor dando servicios de programación tanto a Order Motion© como a otras empresas interesadas en estos servicios.

En resumen el libro aporta cuatro enseñanzas. En primer lugar, se confirma que el diseño de un proyecto emprendedor y la puesta en marcha de apuestas estratégicas concretas no son procesos fruto de la generación espontánea de ratas de laboratorio iluminadas. Por el contrario, cualquier emprendedor es capaz de meditar y diseñar una estrategia cuyo éxito estará condicionado a la efectiva valoración y análisis de aquellos elementos que gobiernan o tienen una influencia sobre la organización. El éxito no es el objetivo, sino la consecuencia última de éstas acciones. En segundo lugar los casos expuestos nos enseñan que un exitoso proceso de creación de empresas no es un evento propio de entornos tecnológicos y elitistas (Sillicon Valley, MIT, etc.). En tercer lugar, todos los sectores están expuestos a cambio estructural y tecnológico. La flexibilidad y capacidad de adaptación marcan el ritmo del cambio organizacional. La superación y el camino al éxito deben estar ligados a una actitud proactiva y dinámica. La cuarta y última enseñanza se relaciona con el hecho que el aprendizaje organizacional y el diseño de incentivos son relevantes para desarrollar estrategias de negocio exitosas.

Aún recordamos cuando en 2012 les ofrecimos dar unos seminarios a Patrick Puck, Anna Sánchez (directora general AIDIT hasta 2011) y Anton Bueno y Mariam Elazzouzi. Era una actividad voluntaria para los alumnos de primer curso de ingeniería náutica en la Universidad Politécnica de Catalunya. Los alumnos valoraron muy positivamente la experiencia. Esos seminarios fueron el punto de partida para el desarrollo de este libro. Un libro que no hubiera sido posible sin la colaboración de los emprendedores que nos apoyaron desde el primer día de forma incondicional. En especial queremos agradecer su transparencia a la hora de dejarnos "espiar" en todas sus operaciones y su paciencia en las numerosas reuniones que tuvimos. Finalmente, estamos muy orgullosos que Vicente Salas, uno de los profesores en economía de empresa más prestigiosos de España se ilusionara con nuestro proyecto y apostara por él contribuyendo con un prólogo lleno de enseñanzas. Estamos profundamente agradecidos y felices por contar con tu colaboración. Muchas gracias Vicente.

Contenidos

1. Antón y Mariam: Inmortalizando erotismo de alto standing

1. La especialización como camino hacia el éxito

Esta es la historia de Antón G. Bueno y sus acompañantes de viaje Vicente G. Bueno y Mariam Elazzouzi. En la actualidad Antón y Mariam unen sus capacidades para ofrecer unos de los servicios de fotografía erótica más valorados de España. Son líderes en el sector y realizan portadas para las revistas más prestigiosas del país como FHM o Primera Línea, y protagonizando reportajes de televisión sobre erotismo[1].

Antón empezó su aventura en el mundo de la fotografía emprendiendo un negocio de impresión fotográfica en 1994 junto a su hermano Vicente pero rápidamente fue haciendo una transición a servicios fotográficos. La Figura 1.1 muestra un resumen de sus decisiones estratégicas más relevantes, algunas de ellas muy controvertidas por sus círculos

---

[1] El programa 13 de la primera temporada de "Conexión Samanta" titulado "Mundo Erótico" refleja con precisión la vida profesional de Antón Bueno.

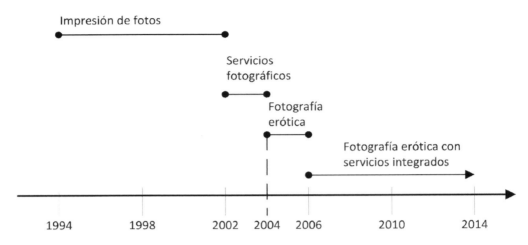

Figura 1.1. Evolución del modelo de negocio (Basado a partir de datos proporcionados por Antón Bueno)

familiares y de amistades. En 2002 los dos hermanos hicieron un paso clave al abandonar un modelo de negocio basado en la manufactura a un modelo basado enteramente en servicio.

A partir de 2004 el negocio se centraba exclusivamente en el mundo erótico femenino. A partir de 2006 Vicente fue buscando otros objetivos profesionales más vinculados al sector audiovisual y gracias a las capacidades de Mariam se integraron servicios adicionales como peluquería, maquillaje y creación de todo tipo de escenarios de fantasía. La provisión de estos servicios complementarios, el buen trato y sobretodo al gran talento fotográfico, han llevado a Antón y Mariam a la cima del sector.

2. Apuesta por una pasión: La fotografía

En 1994 Antón y Vicente, dos hermanos barceloneses, tenían muchas dudas sobre su futuro profesional. Estos dos jóvenes que apenas habían cumplido los 20 años de edad no tenían, ni estaban cursando, estudios universitarios o profesionales. Sin estudios tenían difícil el acceso al mercado laboral. Lo que si tenían era iniciativa empresarial y dotes artísticas y creativas. Su pasión y afición principal en esa época era la fotografía y el video. Eran auténticos autodidactas. En ese contexto decidieron que su futuro profesional pasaba por establecer un negocio propio, y que una buena oportunidad podría pasar por un sector en auge como el de la impresión fotográfica. Las actividades de ocio y los viajes se estaban popularizando exponencialmente y los clientes querían guardar muestras de todas esas experiencias.

En resumen, era un sector maduro que aun permitía conseguir beneficios, y con un coste de entrada relativamente bajo dado que la tecnología ya estaba muy implantada. De hecho solo tuvieron que alquilar un local en el ensanche barcelonés y comprar una máquina de impresión fotográfica que les costó 10 millones de pesetas, o 60.000€. Consiguieron hacer frente a esta inversión gracias a un leasing financiero por parte del proveedor a 5 años y al 0% de interés, donde pagaron una cuota equivalente a 1.000€ mensuales. De una forma simplificada podemos entender un leasing financiero como un alquiler de un bien físico que puede tener una opción de compra al final del periodo o no, en el caso de Antón y Vicente al final de los 60 meses se quedaban con la maquinaria que normalmente después de 5 años de uso tenía un valor residual en el mercado de segunda mano. El leasing es una actividad común en las industrias automovilísticas y de maquinaria industrial. De acuerdo a Brealey y Myers (2003) hay diversas razones para aplicar un leasing en lugar de la compra directa de un activo, siendo las más habituales que el mantenimiento esta incluido o que las condiciones financieras son más ventajosas que un crédito bancario al estar implicado el proveedor en el contrato de leasing. En el caso de Antón y Vicente el leasing les fue muy ventajoso para poder superar la primera barrera a la entrada en el sector, como es la financiación, obteniendo unas condiciones muy ventajosas.

Desde un primer momento plantearon la posibilidad de hacer servicios fotográficos adicionales como complemento a la impresión fotográfica. Estos servicios iban desde fotografías para el carnet de identidad en estudio, como servicios en exteriores para bodas, comuniones u otros eventos. En esa época empezaron a tener algún encargo puntual vinculado con el erotismo, sector que al cabo de unos 15 años los debería llevar al éxito. En 1994 los servicios fotográficos representaban un 5% de su facturación total y esto fue subiendo paulatinamente hasta un 10% en 2002 cuando decidieron vender el negocio de impresión fotográfica. La máquina de impresión aun funcionaba bien y fue vendida por 1.500€, un 2,5% del precio que habían pagado 8 años antes. A pesar de que recibieron numerosas críticas de familiares y amigos estuvieron muy contentos de poderse deshacer de la máquina. Sus familiares y amigos no entendían que quisieran dedicarse enteramente a los servicios fotográficos, no creyeron que pudieran conseguir mayores rentas de las que conseguían en el sector de la impresión fotográfica.

De hecho Antón y Vicente lo hicieron porque se dieron cuenta de algo que otros no vieron en ese momento, el futuro de la impresión fotográfica era negro con la entrada de la era digital. En las Navidades de 2002 la cámara digital se convirtió en uno de los regalos más habituales entre los españoles (El País, 2002).[2] De esta forma queda en evidencia

---

[2] Diario El País, 12 de Diciembre 2002, "El cambio de móvil, las cámaras digitales y las videoconsolas, estrellas de la Navidad". http://elpais.com/diario/2002/12/12/ciberpais/1039663470_850215.html

la importancia de analizar las condiciones que marcan los ritmos de competencia en un sector económico. Por ello, a lo largo de este caso proponemos analizar el sector de la fotografía empleando como marco de referencia el modelo de fuerzas competitivas de M. Porter (1980, 2008). Este modelo cuenta con un gran nivel de aceptación entre académicos, empresarios y directivos dada su capacidad y flexibilidad para capturar e incorporar distintos aspectos que explican la dinámica competitiva de un mercado concreto.

Como resultado, a lo largo del caso presentaremos de forma sucinta los principales postulados detrás del modelo de fuerzas competitivas de Porter (sección 3), a la vez que presentamos una aplicación empírica orientada al sector de la fotografía en la Comunidad de Cataluña, territorio donde Antón y Mariam desempeñan sus operaciones (sección 4). Por último, utilizamos los resultados de estas dos secciones para plasmar el proceso de cambio estratégico y organizacional llevado a cabo por Antón y Mariam para primero adaptarse a las condiciones cambiantes del mercado, y luego consolidar su posición de liderazgo en el mercado de la fotografía erótica de alto standing (sección 5).

3. Un análisis basado en el modelo de fuerzas competitivas de Porter

Cualquier empresa que opera en un sector económico toma decisiones operativas y estratégicas a partir de la disponibilidad de recursos productivos dentro de la organización. Las empresas están expuestas a una serie de factores internos y externos que deben ser tenidos en consideración. Estos factores son tanto el mercado de competidores como el mercado de proveedores y clientes. La teoría microeconómica y el estudio de la organización industrial relaciona dichos conceptos. Pero, como bien argumenta Besanko y coautores (2013), históricamente el cuerpo matemático de la economía no permitió que sus enseñanzas fueran utilizadas por empresarios y directivos. Aunque las raíces de la organización industrial se remontan a un siglo o más, la integración de conceptos económicos en la gestión empresarial no fue posible hasta que Michael Porter publicó su libro pionero Competitive Strategy en 1980. El libro presenta un marco ideal para explorar los factores económicos que afectan a los beneficios de una industria. La principal innovación de Porter es clasificar estos factores en cinco fuerzas claramente identificables.

Una industria es un grupo de empresas que producen bienes o servicios con un cierto grado de homogeneidad que permiten que sean sustitutos entre ellos. Por ejemplo la industria de los refrescos carbonatados tiene dos grandes empresas, Coca-Cola© y Pepsi© que compiten con productos casi homogéneos y que dan un valor añadido al cliente respecto a las marcas blancas. Pero no todo en una industria depende del valor añadido de las compañías líderes. En la Tabla 1.1 podemos ver que la capacidad de superar la crisis

	Variación media del precio de la acción entre 2008 y 2013
Total empresas S&P500	**2,89%**
Energético	−1,31%
Materiales	−1,17%
Industrial	0,90%
Bienes de consumo no esencial	11,27%
Bienes de consumo básico	7,80%
Médico	8,42%
Financiero	−6,67%
Tecnologías de la información	5,53%
Telecomunicaciones	2,32%
"Utilities"	0,71%

Fuente: Standard&Poors 500. El sector de bienes no esenciales incluye empresas en sectores como "retailing", medios de comunicación, o automoción. El sector de bienes de consumo básico incluye empresas en sectores alimenticios y tabacaleros. La variación media del precio de las acciones se estimó para las empresas del S&P500 pertenecientes a cada sector durante los últimos 5 años.

Tabla 1.1. Valor bursátil S&P en la época de crisis económica

económica y financiera de 2008 ha sido heterogénea en diferentes sectores. En promedio, la rentabilidad de los accionistas a 5 años en las 500 empresas con capitalización bursátil más alta de EEUU (S&P500) es de 2,89%. Ahora bien, hay sectores como los bienes de consumo o las tecnologías de información que han superado la crisis con rendimientos muy por encima de la media, y otros sectores como el energético o el financiero que han perdido en media valor bursátil.

Como ya hemos anunciado, el modelo de las 5 Fuerzas de Porter (1980) es una herramienta valiosa para entender la situación competitiva de una industria. En este modelo, se propone un esquema de análisis que involucra simultáneamente la presión (o amenaza) ejercida por los nuevos competidores que desean entrar al sector y las empresas que ofrecen bienes sustitutos al bien o servicio ofrecido en el mercado. El Modelo de las 5 Fuerzas Competitivas de Porter además analiza el poder de negociación ejercido tanto por los proveedores como por los clientes finales (Figura 1.2). Desde la óptica de Porter estas fuerzas

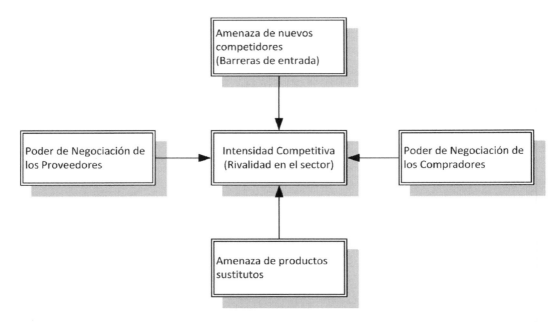

Figura 1.2. Modelo de Fuerzas Competitivas de Michael Porter (Porter 2008, p. 80)

contribuyen a determinar las intensidad competitiva mostrada por un sector económico concreto, y en consecuencia, la rentabilidad a largo plazo de la industria.

El modelo teórico de las 5 fuerzas de Porter (1980, 2008) nos permite entender algunas de las dinámicas sectoriales y las razones que nos llevan a invertir o no en un sector.

En lo concerniente a las distintas fuerzas que explican la intensidad competitiva en una industria destaca, en primer lugar, **la amenaza proveniente por la entrada de nuevos competidores**. En este caso, el análisis se centra en la probabilidad de que nuevas empresas entren a competir en el mercado analizado. Al intentar entrar una nueva empresa a una industria, se puede encontrar con ciertas barreras de entrada relacionadas con la inversión inicial necesaria para competir en el mercado, tanto económica, como tecnológica. Por ejemplo, mientras que el sector farmacéutico tiene fuertes barreras de entrada (financieras y tecnológicas ligadas a actividades de R&D como el desarrollo de patentes), es relativamente sencillo entrar en el sector de la restauración. Además, otros ejemplos de las barreras de entrada comúnmente identificados en la literatura son las economías de escala (hay una ventaja en coste para las empresas que producen cantidad elevadas de producto), la falta de experiencia y reputación de mercado (por ejemplo, en sectores de bienes orientados a segmentos de lujo), la lealtad del cliente, y las dificultades para acceder a los canales de distribución clave dentro del sector (como sucede en el mercado editorial donde los pequeños editoriales no tienen capacidad para ubicar sus títulos en las mejores estanterías de las librerías).

En segundo lugar destaca **la amenaza de productos sustitutos**. La potencial existencia de empresas que desarrollen bienes/servicios que introduzcan cambios tecnológicos bruscos permite desplazar la demanda observada de un bien determinado hacia el nuevo producto desarrollado, el cual se espera que genere demanda latente y adquiera mayores niveles de cuota de mercado a corto plazo, desplazando a las empresas cuyo producto o servicio habrá quedado obsoleto. Por ejemplo, en la mayor parte de países europeos el té y el café tienen un alto grado de sustitución, por lo que un aumento del precio del café puede conllevar un aumento en la demanda de té. Este efecto puede no existir y aparecer de golpe gracias a nuevas tecnologías. Este es el caso de la piratería en la industria musical. La amenaza de los productos sustitutivos depende de la predisposición del cliente a sustituir su elección, el precio relativo y rendimiento de los sustitutivos, y el coste de cambiarse de una opción a otra.

Otro ejemplo muy sencillo viene del análisis temporal del mercado de velas. En sus orígenes una vela tenía por único objetivo proveer luz al cliente. En este caso el diseño no era un aspecto relevante y la ventaja competitiva de los productores de velas radicaba en emplear cera resistente y una cuerda que en conjunto permitieran mantener la vela iluminando un espacio por un periodo de tiempo cada vez mayor. Sin embargo, el desarrollo tecnológico del siglo XIX permitió entre muchos otros logros la introducción y masificación de la electricidad. La invención y desarrollo de la bombilla de filamento (creada por Heinrich Goebel en 1854 o por Thomas Edison en 1880, según la fuente consultada[3]) infringió una herida de muerte a las empresas que producían velas que servían como principal proveedor de iluminación doméstica. Esta disrupción tecnológica desplazó por completo a la vela y dio paso a la era de la electricidad, sin embargo, con el paso del tiempo provocó que el sector de las velas se reconvirtiera por completo, de forma que en las últimas décadas la vela adquirió un propósito alternativo, reconvirtiendo y dando

---

[3] Diversas fuentes otorgan a Heinrich Goebel la invención de la bombilla eléctrica en 1854: http://hosting.zkm.de/lightart/stories/storyReader$21. Por su parte, los medios Americanos son más partidarios de otorgar a Thomas Edison la invención de la bombilla eléctrica: En el obituario a Thomas Edison del New York Times (8 de Octubre de 1931) se le otorga la invención de la bombilla de filamento (http://topics.nytimes.com/topics/reference/timestopics/people/e/thomas_a_edison/index.html). Obviamente, no es nuestra intención restar mérito a la gran capacidad inventiva de Thomas Edison, y se debe indicar que en muchos otros casos, como lo es la invención de la silla eléctrica, no existe ninguna duda de que Thomas Edison es el responsable del invento y su desarrollo: The New York Times (7 de Agosto, 1890) (http://query.nytimes.com/mem/archive-free/pdf?res=9E06E4D9133BE533A25754C0A96E9C94619ED7CF).

un nuevo sentido a este mercado antes obsoleto. En la actualidad, la vela es un producto que genera valor añadido y se emplea como elemento decorativo y aromático, siendo el diseño y las características estéticas del producto la principal fuente de ventaja competitiva en este sector que factura solo en Estados Unidos más de 2.000 millones de dólares al año según la National Candle Association (www.candles.org).

En tercer lugar Porter (2008) identifica **el poder de negociación de los proveedores**. Se espera que los proveedores de una industria desarrollen o posean ciertas características que les permita imponer sus condiciones en procesos de negociación con las empresas del sector. La intensidad de esta fuerza vendrá determinada por factores tales como el tamaño del proveedor (en comparación al tamaño del cliente), la relevancia estratégica del input ofrecido (por ejemplo en términos de su coste, su escasez en el mercado, o su intensidad tecnológica), o la capacidad económica del proveedor respecto a la posición financiera del cliente. Un mercado no será atractivo para potenciales competidores cuando los proveedores poseen fuertes recursos y pueden imponer sus condiciones comerciales. La situación será aún más complicada si los recursos que suministran son claves para la empresa, no tienen sustitutos (o su acceso el limitado) o su coste es elevado. Recientemente Rauh y Sufi (2010) muestran como empresas que actúan como proveedores comerciales son una importante fuente de liquidez cada vez más utilizada por las empresas para financiar sus operaciones. Esto incrementa el poder de negociación de estos proveedores, lo que aumenta la probabilidad que el proveedor expropie parte de los flujos de caja de sus clientes.

En cuarto lugar, se incluye en el modelo **el poder de negociación de los compradores/clientes finales**. En este sentido, se analiza la capacidad del consumidor final para, a través de procesos de negociación, ejercer su influencia con el fin de imponer condiciones que le sean ventajosas para su organización y expropiar parte del margen de beneficio de la empresa. Estas condiciones suelen estar relacionadas con el contrato que rige la relación empresa-cliente y pueden estar asociadas a elementos como el precio final de venta, la existencia de descuentos por volumen o frecuencia de ventas, plazos de entrega, entre otros. Mientras menor sea la cantidad de compradores potenciales que formen la demanda agregada del mercado, mayor poder de negociación tendrá el cliente. De forma similar, el poder de negociación de los clientes está positivamente correlacionado con su tamaño. Al existir una demanda restringida, los consumidores pueden influir en el comportamiento de la empresa a través de mecanismos de mercado, como la reputación creada adquirida a través de comunicación (formal o informal) entre clientes, lealtad de marca, o altas frecuencias de compra.

Finalmente, y como se ha indicado anteriormente, el objetivo principal del modelo de 5 fuerzas competitivas de Porter (2008) consiste en explicar **la intensidad competitiva**

observada en una industria concreta donde la oferta de bienes o servicios es homogénea. Este factor es ampliamente analizado en el segundo capítulo de este libro (Caso AIDIT) desde una perspectiva microeconómica. En términos generales la estructura de los competidores depende del número de participantes en la industria, la cual puede pasar de una situación de monopolio a un número muy elevado de empresas (competencia perfecta), pasando por situaciones intermedias (oligopolio). A mayor competencia es más difícil conseguir rentabilidades positivas, y cuando más altos son los costes de salida (abandonar la industria) más se endurece dicha competencia. Otro factor a tener en cuenta es el objetivo estratégico de la empresa que puede ir de una estrategia en coste (RyanAir© en aviación comercial), a una de diferenciación (Apple Computers© en computadoras y teléfonos móviles). Para una empresa será más difícil competir en un mercado cuando los demás competidores estén bien posicionados, sean numerosos y los costes fijos sean altos, ya que estará constantemente enfrentándose a, por ejemplo, guerras de precios, campañas publicitarias agresivas, promociones y entrada de nuevos productos.

4. El modelo de las cinco fuerzas aplicado al sector de la fotografía

Para el desarrollo del análisis propuesto del sector fotográfico se emplean datos extraídos de la base de datos SABI© (Sistema de Análisis de Balances Ibéricos). La información recogida de esta fuente incluye a 716 empresas supervivientes y no-supervivientes del sector 7420 (CNAE 2009: Actividades de fotografía) en Cataluña para el periodo 2003-2011. La muestra no solo es representativa del sector en términos de la cantidad de empresas analizadas, sino que además demuestra una apropiada cobertura geográfica: 79,05% de las empresas (566) están localizadas en la provincia de Barcelona, 65 empresas (9,08%) están ubicadas en la provincia de Girona, mientras que el 7,26% y el 4,61% de las empresas operan en las provincias de Tarragona y Lleida, respectivamente.

4.1. Periodo 2003-2007: La situación competitiva del sector de la fotografía

A través del análisis basado en el modelo de 5 fuerzas de Porter es posible visualizar (aunque sea parcialmente) la situación de la industria de la impresión fotográfica ante los ojos de Antón y Vicente en 2002. La representación gráfica de la situación competitiva del sector en este periodo se presenta en la Figura 1.3.

Tal y como se muestra en la Tabla 1.2 y en la Figura 1.4, el sector fotográfico se caracterizaba por tener una alta competencia donde no solo destaca el gran número de competidores sino además la fuerte presencia de pequeñas y medianas empresas en el sector (Tabla 1.2).

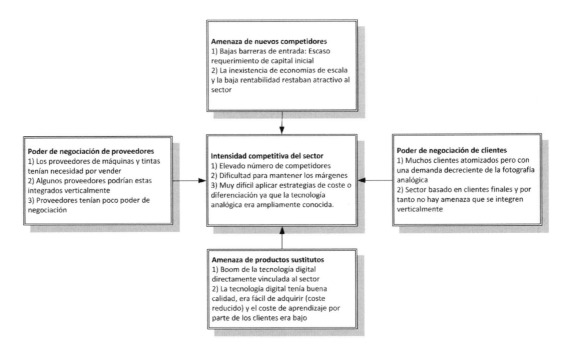

Figura 1.3. El modelo de 5 fuerzas de Porter para la industria de la impresión fotográfica en 2002.

Además, la Tabla 1.2 muestra como los competidores durante este periodo man-tenían beneficios positivos (rentabilidad sobre activos), lo que incrementa el atractivo por el sector para emprendedores, fomentando la entrada continua de empresas. Una

	2003	2005	2007
Empleados	8,00	7,69	8,03
Proporción de pequeñas empresas (< 50 empleados)	98,27%	98,22%	98,07%
Rentabilidad económica (ROA)	1,40%	2,03%	2,58%
Productividad del trabajo en miles de euros (Ventas / empleado)	97,19€	113,80€	122,77€
Salario medio anual (miles de euros)	22,12€	25,06€	28,67€

Fuente: Elaboración propia a partir de los datos obtenidos del SABI©

Tabla 1.2. Situación de las empresas del sector fotográfico en Cataluña (2003-2007)

forma de corroborar el nivel de atractivo del mercado es a través de un análisis de flujo de empresas en el sector. El resultado de la Figura 1.4 muestra como entre 2003 y 2007 se crearon 167 empresas en este sector, lo que aunado al hecho que solo abandonaron el sector 25 empresas confirma que el sector era atractivo en términos económicos.

Algunas empresas del sector estaban integradas con los proveedores clave, por ejemplo, los estudios fotográficos de las grandes empresas del sector que en estos tiempos operaban como sucursales (por ejemplo, Kodak©, Fuji©), pero al haber muchas empresas proveedoras de maquinaria y tinta el poder de negociación de los proveedores estaba bajo control. Aunque los clientes están muy atomizados, eran sensibles al precio pero demandaban fuertemente los servicios de impresión por lo que su poder de negociación también era limitado. El gran problema del sector estaba directamente relacionado con la aparición de sustitutos como las cámaras digitales que se combinaban perfectamente con los ordenadores personales. Estas cámaras permitían guardar los archivos fotográficos

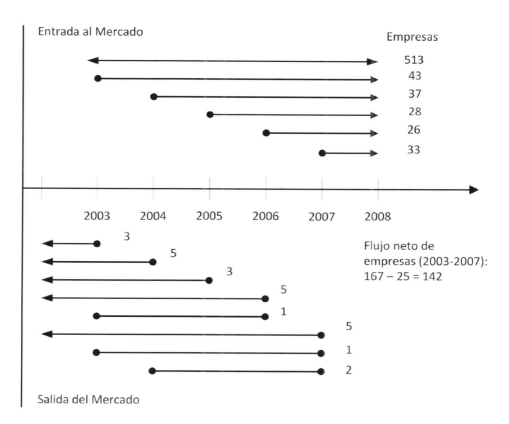

Figura 1.4. Flujo de empresas en el sector de la impresión fotográfica entre 2003-2007
(Elaborado a partir de los datos obtenidos del SABI©)

11

en el disco duro y visualizar todas las fotos en la pantalla del ordenador. De esta forma se imprimían solo aquellas fotos que el cliente deseaba, y por lo tanto estos bienes amenazaban fuertemente la subsistencia de las empresas de impresión fotográfica. De hecho en la actualidad casi no hay empresas en el sector (ver Figura 1.5 de la sección 4.3).

4.2. La servitización en la fotografía: Del producto al servicio fotográfico

Teniendo en cuenta el panorama competitivo, los fotógrafos decidieron dar el salto y pasar de ofrecer un producto a ofrecer un servicio. Este proceso está asociado al concepto de *servitización*. Originalmente dicho concepto fue definido por Vandermerwe y Rada (1988) como una estrategia de diversificación de las empresas manufactureras, la cual consiste en añadir combinaciones de productos y servicios a su oferta. Para Vandermerwe y Rada (1988), hay tres razones que motivan esta estrategia: 1) evitar la entrada de nuevos competidores, 2) incrementar el valor añadido a los clientes preferentes, y 3) obtener un mayor grado de diferenciación en su oferta. Por tanto, si nos fijamos en las estrategias genéricas según la fuente de ventaja competitiva establecida por Porter, el concepto de *servitización* está vinculado a la diferenciación obtenida por conocer a nuestros clientes y las barreras de entrada que surgen a través de servicios añadidos para diferenciar los productos. Estos modelos de negocio reflejan si las empresas entienden al cliente, ofreciendo el valor de tal forma que el cliente obtiene un producto con mayor valor generando mayor satisfacción, y la empresa puede conseguir mayores beneficios.

Existen casos de éxito documentados en este proceso de *servitización*. Por ejemplo Aharmed y coautores (2013) describen el caso de IBM©. Esta empresa fue fundada en 1911 con el objetivo de producir balanzas comerciales. Con el tiempo la empresa se fue diversificando a otros equipos de hardware hasta que en 1975 lanzó su primera computadora personal al mercado. Pero las ventas fueron decepcionantes, y además la competencia era creciente en este sector con competidores como Hewlett Packard© o Apple Computers©. Uno de los principales problemas de IBM© es que había perdido contacto con el cliente y sus costes eran excesivos. De esta forma, decidieron implementar software de aplicación, almacenamiento y ordenadores personales para entrar en los servicios y desarrollar un negocio de software independiente. A partir de este momento, a finales de la década de los 90's, los servicios crecían de forma constante a tasas que estaban por encima del 20% trimestral. En 2001, los ingresos por servicios y software alcanzaron los $35 mil millones y $13 mil millones, respectivamente, lo que en conjunto representó el 58% de los ingresos totales de IBM© y estas operaciones representaban aproximadamente la mitad de la fuerza laboral de IBM©. Para el año 2011, IBM© reportó unos ingresos de $107 mil millones, donde más del 90% de su beneficio provino de la venta de software y servicios. La empresa se había reconducido y conseguía rendimientos destacables como un rendimiento sobre los fondos propios (ROE) del 78,73% y un rendimiento sobre los activos (ROA) del 13,62%. El caso de IBM© es un ejemplo de empresas que logró desarrollar de forma eficiente una relación complementaria entre producto y servicio. De hecho la empresa ha acabado centrándose más en servicios y desarrollo de productos intangible como software.

Otro caso también relacionado con la complementariedad de producto y servicio es el de la industria automovilística, donde las empresas del sector están integrando servicios a la venta de vehículos. Estos servicios van desde mantenimiento hasta seguros. Un tercer ejemplo de industria que ha experimentado este proceso es el caso de la industria musical y el cambio radical en el modelo de negocio resultante de las disrupciones tecnológicas en el sector (Parry y coautores, 2012). La industria musical ha empezado a ofrecer servicios de suscripción mensual con acceso ilimitado a la música como Spotify© que no dan derecho a guardar los archivos. Nótese que en este caso los productos y servicios se perciben como sustitutos.

En nuestro caso, Antón y Vicente pasaron en un intervalo de 5 años de una situación donde entre el 5% y 10% de su facturación era servicio, a una donde el 100% de su facturación pasó a emerger de la prestación de servicios. En un contexto de *servitización* podríamos decir que siempre ha prevalecido un modelo de negocio dominado por el concepto de complementariedad producto-servicio, sin embargo, los márgenes fruto del servicio han ido ganando cada vez más importancia para el negocio y de allí el abandono paulatino de la venta de productos. En este sentido, su caso es similar al de IBM© que también abandonó su estructura productiva, al menos de hardware para dar más énfasis a la prestación de servicios.

Al basar su negocio únicamente en el servicio fotográfico Antón y Vicente necesitaban profesionalizarse. Por esta razón Antón entró a la universidad por el acceso de estudiantes mayores de 25 años en el Grado en Fotografía y Creación Digital del CITM ("Centre de la Imatge i la Tecnologia Multimèdia"), centro adscrito a la Universidad Politécnica de Cataluña (UPC) en el campus de la ciudad de Terrassa. Al ser un centro privado, los estudios no son baratos y Antón solo se pudo costear el primer año académico. Igualmente fue una experiencia enriquecedora que le sirvió para corroborar que todo el conocimiento que había adquirido de forma autodidáctica es válido y representa una fuente fundamental de capital humano que da soporte a la ventaja competitiva de su negocio por encima de otras empresas.

En ese periodo de formación y aprendizaje del nuevo modelo de negocio iban cogiendo cualquier trabajo que les generará ingresos. Por alguna razón iban consiguiendo un número creciente de encargos de fotografía erótica. Se estaban construyendo una cierta reputación en el sector por sus precios competitivos, su trabajo de calidad y su atención amable y cercana. En el año 2000 solo el 2% de sus ingresos provenían de proyectos vinculados al erotismo femenino, en 2002 cuando cerraron el negocio de impresión fotográfica, ese 2% pasó a ser el 20%, y en 2003 del 60%. Con ello se dieron cuenta que tenían un valor diferencial en el sector del erotismo femenino y tomaron otra decisión estratégica arriesgada, a partir de 2004 solo se centrarían en el sector del erotismo femenino, descartando cualquier otra petición de servicios fotográficos.

4.3. Disrupción tecnológica y coyuntura económica

La estrategia adoptada por Antón y Vicente demostró ser efectiva con el tiempo. El salto a la *servitización* podría considerarse como el punto de inflexión donde la empresa pasó de ser un competidor más, para convertirse en un jugador especializado en el mercado de la fotografía.

La coyuntura económica por la que atraviesa Cataluña y en general buena parte de la Unión Europea ha creado una serie de desequilibrios en muchos sectores productivos, y el caso del sector fotográfico no es la excepción. La Figura 1.5 muestra como existe

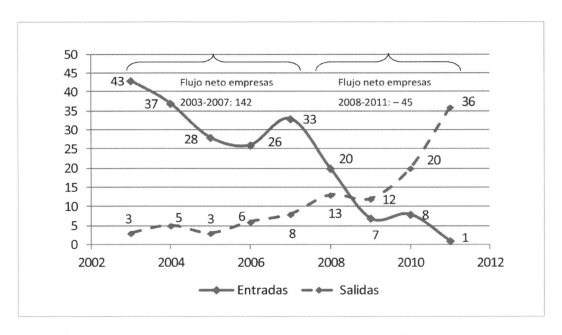

Figura 1.5. Flujo de empresas en el sector de la impresión fotográfica entre 2003-2011 (Elaborado a partir de los datos obtenidos del SABI©)

una fuerte caída en el flujo de empresas del sector a partir del periodo 2007-2008, coincidiendo con el inicio de la crisis económica por la que atraviesa el territorio. Tal y como se indicó anteriormente, además de la actual situación económica el fuerte impacto de la entrada y consolidación de sustitutos de base tecnológica digital (cámaras digitales y teléfonos móviles) está afectando de forma negativa al sector, disminuyendo su atractivo para potenciales emprendedores.

En la Figura 1.6 se observa como el resultado económico negativo asociado a la consolidación de las tecnologías digitales primero, y a la situación económica que inició en 2008 después, es un muy buen criterio a la hora de explicar (o predecir) la salida de empresas en este sector.

Las empresas que abandonaron el mercado en el periodo de consolidación de la tecnología digital (entre 2003 y 2007) mostraban en promedio un resultado económico (rentabilidad sobre activos) negativo de −8,01%. Entre las empresas consolidadas la rentabilidad económica era en promedio 4,82% durante el mismo periodo.

En el segundo periodo analizado, que coincide con la crisis económica que inició en 2008, la rentabilidad del sector se deterioró de forma importante, y la sensibilidad a ambos efectos (consolidación digital y coyuntura económica) provocó que las empresas experimentaran una fuerte caída en su tasa de rentabilidad (Figura 1.6).

En el caso de las empresas consolidadas del sector (aquellas creadas antes de 2008) la rentabilidad promedio pasó de 4,82% en el periodo 2003-2007 a −2,08% en el periodo 2008-2011. En el caso de los nuevos competidores que entraron en el mercado a partir de 2008 la rentabilidad media entre 2008 y 2011 es de 2,49% aunque se debe resaltar que tanto las empresas consolidadas como nuevas muestran su peor resultado económico en 2011 (−6,24% y −6,33%, respectivamente).

El caso más dramático es el de las empresas que abandonan el mercado, ya que rentabilidad muestra fuertes variaciones negativas durante todo el periodo analizado (2003-2011), y los peores resultados aparecen entre 2008 y 2011 donde la rentabilidad media de este grupo de empresas fue de −30,35% (−55,01% en 2011).

El segundo aspecto que marca de forma significativa el momento del sector queda reflejado en la pérdida de empleo, la caída en la productividad y la continua disminución de los flujos de caja (Tabla 1.3).

Como se explica de forma detallada en el caso de Puck Solutions©, el flujo de caja es un indicador que tiene en cuenta las entradas y salidas de efectivo de una muestra, por

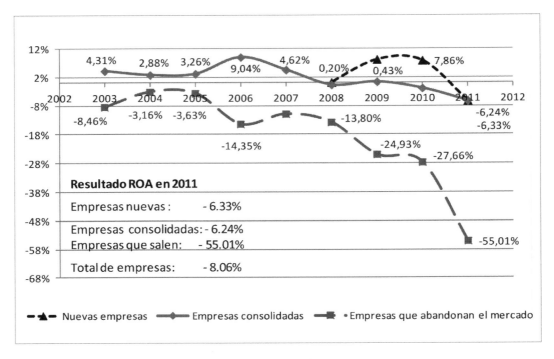

Figura 1.6. Rentabilidad económica (ROA) en el sector entre 2003-2011
(Elaborado a partir de los datos obtenidos del SABI©)

lo que representa una buena aproximación de la posición de liquidez. En el caso del sector de la fotografía, la Tabla 3 muestra como los flujos de caja en el sector han ido disminuyendo de forma continuada desde 2007: pasando de un promedio anual de 15.170 euros en 2007 a 3.460 euros en 2011 (lo que equivale a una caída promedio anual del 19%). Entre las empresas nuevas en el sector (creadas a partir de 2008) los flujos de caja cayeron entre 2009 y 2011 a un ritmo de 9% anual. Consistente con nuestro análisis, lógicamente la caída más brusca se produjo entre las empresas que acabaron abandonando el mercado, las cuales pasaron de generar en promedio un flujo de caja de 8.290 euros en 2007 a un nivel de flujo de caja de −6.040 euros en 2011, lo que representa una caída anual del 43%.

En el caso del empleo la situación refleja igualmente los duros tiempos del sector. Entre las empresas consolidadas y supervivientes del sector un total de 83 firmas (20,91% del total de empresas consolidadas) redujeron sus plantillas, lo que representa una pérdida media de 1,67 puestos de trabajo lo que equivale a una reducción promedio del 28,40% de personal. Entre estas empresas, solamente el 10,08% aumentaron su plantilla. Estos resultados, no del todo negativos teniendo en cuenta el contexto económico, tienen su correspondencia en unos niveles de productividad laboral (de-

	2003	2005	2007	2009	2011
Panel A: Total de empresas					
Empleados	8,00	7,69	8,03	6,02	5,89
Flujo de caja (miles de euros)	10,13	13,26	15,17	4,68	3,46
Rentabilidad económica (ROA)	1,40%	2,03%	2,58%	−2,95%	−8,06%
Productividad del trabajo en miles de euros (Ventas / empleado)	97,19€	113,80€	122,77€	107,58€	95,70€
Salario medio anual (miles de euros)	22,12€	25,06€	28,67€	28,35€	26,10€
Panel B: Empresas consolidadas					
Empleados	8,73	7,76	8,05	6,04	5,90
Flujo de caja (miles de euros)	11,70	14,91	16,40	5,51	3,84
Rentabilidad económica (ROA)	4,31%	3,26%	4,62%	0,43%	−6,24%
Productividad del trabajo en miles de euros (Ventas / empleado)	104,24€	120,09€	128,10€	111,77€	95,93€
Salario medio anual (miles de euros)	22,94€	25,43€	28,85€	29,13€	26,25€
Panel C: Empresas nuevas (creadas a partir de 2008)					
Empleados				1,73	2,07
Flujo de caja (miles de euros)				5,07	3,32
Rentabilidad económica (ROA)				8,22%	−6,33%
Productividad del trabajo en miles de euros (Ventas / empleado)				88,43€	119,85€
Salario medio anual (miles de euros)				21,94€	23,70€
Panel D: Empresas que abandonan el mercado					
Empleados	5,14	7,31	7,88	5,86	5,50
Flujo de caja (miles de euros)	4,88	4,60	7,20	−0,24	−6,04
Rentabilidad económica (ROA)	−8,46%	−3,63%	−10,92%	−24,93%	−55,01%
Productividad del trabajo en miles de euros (Ventas / empleado)	69,37€	82,26€	83,49€	61,39€	67,75€
Salario medio anual (miles de euros)	18,91€	23,16€	27,34€	19,74€	21,30€

Fuente: Elaboración propia a partir de los datos obtenidos del SABI©

Tabla 1.3. Situación de las empresas del sector fotográfico en Cataluña (2003-2011)

finida como ventas por empleado) positivos: el resultado medio para estas empresas indica que en 2011 la productividad laboral fue de 95,930 euros por empleado, lo que representa una caída de solo 15,52% respecto al resultado de 2008.

En el caso de las empresas nuevas, resaltar que solamente el 8,33% redujo su plantilla en 2011 (7,69% en 2010) mientras que el 12,50% aumentó su personal en este año (23,08% en 2010). Además, este grupo de empresas es el único que muestra un incremento de productividad laboral durante el periodo 2008-2011, la cual pasó de 57.700 euros entre las empresas creadas en 2008, a 119,850 euros entre el conjunto de empresas de reciente creación que sobreviven y operan en el mercado en 2011.

Una vez más, el peor desempeño se observa entre las empresas que acaban saliendo del mercado. Entre estas empresas, el 45,45% de las organizaciones que declaró el cierre de operaciones en 2011 había reducido su plantilla con respecto al 2010, siendo la pérdida de empleo promedio de 1,80 puestos de trabajo (equivalente al 33% de la plantilla de estas empresas). Este grupo de empresas muestra los peores resultados en cuanto a la productividad laboral (67.750 euros por empleado en 2011). Estos resultados son similares a los observados desde 2008, donde el 46,67% de las empresas que cerraron ese año redujeron su plantilla en promedio en 2,50 empleados (equivalente al 46,75% de la nómina).

5. Refinando el modelo de negocio

5.1. Entendiendo al cliente

El termino modelo de negocio es cada vez más utilizado para describir la esencia del enfoque estratégico de la empresa. De acuerdo con Teece (2010) el modelo de negocio describe el proceso de creación de valor y los mecanismos de captura empresarial del valor; haciendo que el consumidor pague por el valor proporcionado y que la empresa tenga mayor beneficio. En este sentido Prahalad y Ramaswamy (2000) argumentan que la experiencia es un factor esencial para entender la creación de valor en el sector servicios, haciendo que la relación de intercambio propiamente dicha sea menos estratégica y sea esencial entender las necesidades y expectativas del cliente a través de la co-creación de valor por parte del cliente.

Cabe enfatizar que la información proporcionada por el cliente antes, durante y después de la propia ejecución del servicio es tremendamente valiosa para redefinir el modelo de negocio sobretodo a lo que refiere a las estrategias de segmentación. Jobber (2001) define segmentación como la identificación de individuos u organizaciones con características similares que tienen implicaciones en la determinación de la estrategia de mercado. Por ejemplo, en el mercado de los relojes las características del consumidor cuya preferencia se orienta hacia un reloj marca Swatch© no son las mismas en comparación al consumidor que compra un Rolex©. El consumidor de Swatch© se caracteriza por querer ir a la moda, manteniendo un presupuesto ajustado. Por el contrario, el consumidor que luce un Rolex© quiere mostrar estatus, y seguramente es poco sensible al precio. Por lo tanto la estrategia de segmentación consiste en dividir los consumidores de un mercado en distintos sub-mercados relativamente homogéneos.

El objetivo de esta estrategia consiste en identificar a un grupo de consumidores con requerimientos similares, a los que se les puede ofrecer un producto o servicio que satisfaga su necesidad de mercado. El segmento tiene que ser suficientemente grande para que sea eficiente ofrecerle dicho producto o servicio diferenciado.

5.2. *Segmentación en el sector de la fotografía erótica y presentación de resultados empresariales*

Como se ha comentado anteriormente desde 2004 Antón, Vicente y Mariam decidieron centrar su actividad exclusivamente en el sector de la fotografía erótica. En el periodo 2004-2006 fueron aprendiendo el funcionamiento del sector y creándose una reputación. A partir de 2006 fueron redefiniendo el modelo de negocio atacando esos segmentos de clientes demandando mayor calidad de servicio y servicios complementarios. Estos segmentos les permiten conseguir mayores márgenes. De hecho cabe destacar que a partir de 2006 los intereses profesionales han ido separando los caminos de Vicente, más centrado en servicios audiovisuales en general, y Antón y Mariam, especializados enteramente en reportajes de fotografía erótica de alto standing.

Antón y Mariam tienen unas capacidades complementarias que les permiten ofrecer un servicio integrado muy competitivo y difícil de encontrar en el mercado. Mariam reúne capacidades y conocimientos muy buenos en servicios relacionados como el maquillaje o la peluquería, entre ellos destaca el servicio de *body painting*. También ayudó a Antón a estructurar el servicio de tal forma que los procedimientos fueran más eficientes. Todo ello permitió ofrecer un servicio muy valorado por los clientes (precio creciente) y un coste controlado.

En la actualidad la oferta de Antón y Mariam está muy bien estructurada. Las clientas que quieren hacerse un book fotográfico disponen de la posibilidad de hacer 4 cambios de ropa en una misma sesión. Las fotografías preferidas por las clientas tienen una fase de postproducción y son editadas con sumo cuidado. Gracias a la mayor reputación de Antón el precio de la sesión fotográfica y la postproducción se ha doblado desde 2006, siendo el servicio de Antón uno de los que recibe un precio más alto del sector. La sesión fotográfica se puede complementar con distintos servicios adicionales. Por ejemplo, servicio de ambientación (construcción de escenarios de fantasía, alquiler de coches u otros vehículos de lujo, etc.), maquillaje y peluquería. Mariam es la responsable de todos estos servicios complementarios, permitiendo a Antón centrarse enteramente en los servicios artísticos. Estos servicios añadidos han permitido incrementar de forma exponencial sus márgenes operativos.

A partir de 2008 la reputación artística de Antón se ha visto reforzada gracias a la publicación de una serie de portadas en revistas prestigiosas del erotismo femenino como Primera Linea y FHM. Su reputación ha llegado a países centroeuropeos y cada vez tienen más clientas demandando books eróticos desde países como Alemania o Holanda. Esto hace que a fecha de hoy se planteen montar un estudio fotográfico en Berlín.

La facturación muestra una evolución muy positiva a partir de 2006, justo cuando implantaron la estrategia de servicios fotográficos para segmentos de Alto Standing. Utilizando como referencia el año 2006, en la Figura 1.7 se observa que, tras un periodo

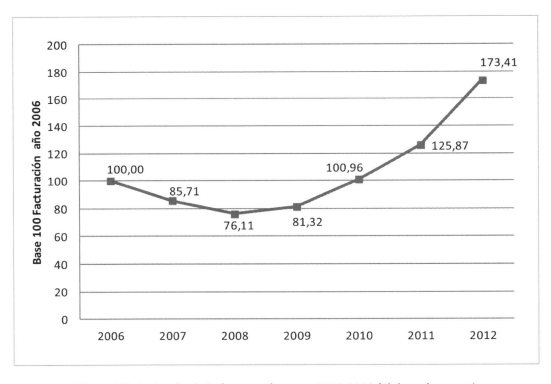

Figura 1.7. Evolución de la facturación entre 2006-2012 (Elaborado a partir de datos proporcionados por Antón Bueno)

de adaptación de 2 años, la empresa incrementa de forma sostenida sus ventas, hasta el punto que en el año 2012 la facturación creció 73.41% respecto al 2006.

En un entorno competitivo caracterizado por una rentabilidad decreciente, y donde los competidores han moderado precios y márgenes, la creatividad y percepción de negocio de Antón le ha permitido doblar el precio en los últimos seis años de actividad, sin tener en cuenta los servicios que ha añadido a la fotografía. La flexibilidad y la adaptación son constantes en el presente caso de estudio. El aprendizaje técnico y empresarial de Antón se ha desarrollado lejos de la enseñanza reglada, y su elevado capital humano se ha forjado con la experiencia acumulada en el sector durante 20 años, y en especial en su capacidad para entender las necesidades del cliente. Estos factores han permitido evolucionar a Antón G. Bueno y Mariam Elazzouzi, posicionándose en la élite de un sector cuyas características permiten definir como de extremadamente competitivo.

Referencias empleadas en el capítulo

Aharmed, Z. Inohara, T., & Kamoshida, A. (2013). The Servitization of Manufacturing: An Empirical Case Study of IBM Corporation. *International Journal of Business Administration*, 4(2), 18-26.

Besanko, D., Dranove, D., Shanley, & M., Schaefer, S. (2013). *Economics of Strategy*, 6th ed., US: John Wiley & Sons.

Brealey, R.A., & Myers, S.C. (2003). *Principles of Corporate Finance*, 7th ed., McGraw-Hill, Boston, MA.

Jobber, D. (2001). *Principles & Practice of Marketing*, Berkshire, England: McGraw Hill.

Parry, G., Bustinza, O. F., & Vendrell-Herrero, F. (2012). Servitisation and value co-production in the UK music industry: an empirical study of consumer attitudes. *International Journal of Production Economics*, 135(1), 320-332.

Porter, M.E. (1980). *Competitive Strategy*, New York: Free Press.

Porter, M.E. (2008). The Five Competitive Forces that Shape Strategy. *Harvard Business Review*, January, 78-93.

Prahalad, C.K., & Ramaswamy, V. (2000). Co-opting customer competence. *Harvard Business Review,* 78, 1, 79-90.

Rauh, J., & Sufi, A. (2010). Capital Structure and Debt Structure. *Review of Financial Studies,* 23, 12, 4242-4280.

Teece, D.J. (2010). Business models, business strategy and innovation. *Long Range Planning,* 43, 2-3, 172-194.

Vandermerwe, S., & Rada, J. (1988). Servitization of business: Adding value by adding services. *European Management Journal,* 6(4), 314-324.

Ejercicios

Ejercicio 1.1. Las 5 fuerzas de Porter

Teniendo en cuenta la estructura del mercado de los constructores de aviones para rutas comerciales (no militares) y el duopolio (ver el segundo caso para una explicación más formal sobre el concepto de duopolio) de Airbus© y Boeing© desarrolle un análisis basado en el modelo de fuerzas competitivas de Porter, examinando en detalle los efectos más significativos en cada uno de los pilares que forman dicho modelo.

Ejercicio 1.2

En este caso hemos visto ejemplos del proceso de servitización en empresas de fotografía (Antón) y tecnología (IBM). No todos los sectores han experimentado el proceso de la servitización de la misma manera. Analiza cuales de los sectores anunciados en la siguiente tabla están sujetos a servitización y en su caso cuales son los servicios añadidos en este proceso.

Sector	¿Ha experimentado este sector algún proceso de servitización?	Enumere los servicios añadidos que emergen fruto de la servitización	¿Son los servicios añadidos complementarios o sustitutos a la oferta de producto tradicional?
Comercialización ficheros musicales			
Producción y venta de coches			
Elaboración de cerveza			

II. AIDIT: Del cielo al infierno: Creación y evolución de un mercado

1. La oportunidad de negocio: Certificación en innovación

Según Porter (1990) la capacidad de innovación nacional, entendida como la capacidad de una nación para crear nuevos conocimientos, se ha convertido en una importante fuente de ventaja competitiva. En este sentido, las empresas ubicadas en entornos con alto concomimiento pueden acceder a oportunidades innovadoras no disponibles en otros contextos, lo que implica mayor rendimiento empresarial. Un típico ejemplo es el de California (USA) y el desarrollo del conocimiento informático gracias a inversiones públicas en el sector militar y privadas lideradas por empresas como IBM© o Hewlett Packard©. Si bien la globalización hace posible deslocalizar la actividad manufacturera a entornos con mano de obra más barata, el conocimiento y la capacidad de innovación son difíciles de transferir (Arrow, 1962). Por lo tanto, la ventaja competitiva de los países desarrollados tiende a basarse en la producción de conocimiento y de tecnología intensiva. No es sorprendente que las políticas públicas de las economías avanzadas se centren en el fortalecimiento de las plataformas de conocimiento y la innovación a través de la inversión en capital humano e investigación y desarrollo (I+D e innovación), la protección del capital intelectual, etc. Tanto la investigación pública (universidades, parques tecnológicos, etc.)

como la privada realizada dentro de las empresas es relevante para aumentar la posición competitiva de un país. Una forma de incentivar la inversión privada son los incentivos fiscales para esas empresas que realizan actividades de I+D+i. En España este tipo de regulaciones estaban en pleno desarrollo a principios del siglo XXI.

En el año 1995 se aprobó la ley 43/1995 sobre impuestos de sociedades que exponía un marco legal sobre las cuantías deducibles por I+D+i. El 21 de Noviembre de 2003 el gobierno español se publicó el real decreto 1432 que construía un nuevo contexto de evaluación de la naturaleza de los gastos susceptibles para empresas que desarrollaran actividades de innovación. En particular el real decreto 1432 describe como las empresas pueden acceder a los incentivos fiscales de forma segura a través de los informes motivados vinculantes ante Hacienda. Dichos informes se basan en la evaluación de una tercera parte independiente, previamente acreditada. Esta es la historia de la primera empresa en conseguir ser acreditada por la Entidad Nacional de Acreditación (ENAC) para emitir dichos informes: AIDIT.

AIDIT fue fundada en el año 2000 por las dos universidades tecnológicas más importantes de España: La Universidad Politécnica de Catalunya (UPC) y la Universidad Politécnica de Madrid (UPM) como una sociedad civil particular y se transformó en sociedad limitada en 2002, siempre con sede social en Barcelona. En la actualidad AIDIT es aun la única empresa de certificación de naturaleza universitaria en España. AIDIT por tanto es una organización estratégica al realizar un rol mediador entre gobierno, sistema universitario y tejido empresarial; la llamada triple hélice por Ezkowitz y Leydesdorff (2000).

AIDIT inició el diseño e implementación del primer sistema de certificación de proyectos de I+D e innovación, que sirvió como referente a otras entidades y para la ENAC, en la creación de un nuevo sistema de acreditación de las entidades de certificación de la Investigación, el Desarrollo y la Innovación. El diseño del servicio se basó en la práctica y en el consejo de expertos, tanto universitarios, técnicos de las administraciones públicas, como profesionales de entidades privadas. El sistema inicial que propuso AIDIT fue un sistema de auditoría mediante el cual se realizaba una evaluación del contenido científico-técnico del proyecto, determinando si éste podía considerarse como Investigación o Desarrollo, según las definiciones legislativas pertinentes. A instancia del Ministerio de Ciencia y Tecnología esta evaluación se extendió a una evaluación contable conocida como identificación de los gastos incurridos deducibles según la Ley. Este servicio estaba pensado para un amplio abanico de clientes, desde empresas innovadoras de cualquier tamaño, a consultoras, asesorías fiscales o entidades de capital riesgo.

La contribución de AIDIT al diseño inicial del sistema de certificación de los proyectos de I+D+i fue decisiva, poniendo al servicio de la Administración todo el conocimiento generado durante sus dos primeros años de existencia. Este sistema avalado por ENAC demostró su calidad y posibilitó el traspaso seguro de competencias entre ministerios de Hacienda e Industria en el 2003, en este caso la responsabilidad de decidir de forma vinculante, si un proyecto puede acogerse a las deducciones por I+D+i, con la emisión de los informes motivados vinculantes ante Hacienda.

En paralelo al servicio de Certificación de Proyectos de I+D+i, AIDIT fue ampliando su campo de actuación para alcanzar todos los aspectos relacionados con la evaluación y la promoción de las actividades de I+D+i. En 2009 contaba con 72 líneas científicas acreditadas por la ENAC para proyectos, además de las líneas de certificación para personal investigador, sistemas de gestión y vigilancia tecnológica.

El sector de las certificadorasde I+D+i fue ganando en competencia a partir de 2004 cuando otras empresas empezaron a acreditarse por ENAC. Con independencia del año de fundación, la entrada en este sector está determinada por la evaluación positiva y posterior acreditación de los posibles competidores por parte de ENAC. Así, en 2004 la empresa AENOR (Asociación Española de Normalización y Certificación) recibe la acreditación por parte de ENAC; y posteriormente cuatro nuevos competidores reciben esta acreditación en 2005 (Figura 2.1): la Cámara de Comercio de Madrid, FITSA (Fundación Instituto Tecnológico para la Seguridad del Automóvil), ACIE© (Agencia de Certificación de Innovación Española), y EQA© (European Quality Assurance). Finalmente, desde 2006 la competencia en el sector se ha incrementado, debido a que cuatro competidores más recibieron el visto bueno de ENAC para servir como empresas certificadoras de I+D+i entre ese año y 2010.

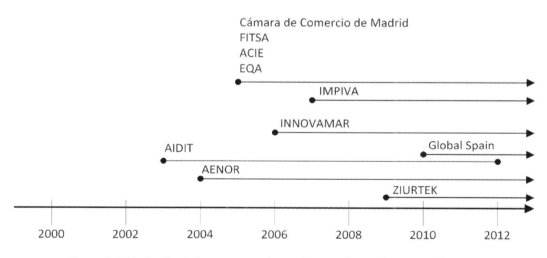

Figura 2.1. Evolución de la competencia en el sector de certificaciones de I+D+i
(año de acreditación por ENAC)

En este caso analizamos, por tanto, como la regulación española en I+D+i permitió generar un nuevo sector de actividad y como evolucionó la estructura del mismo de una situación de monopolio a una de competencia perfecta, pasando por una situación de duopolio. En la siguiente sección presentamos la teoría de mercados necesaria para poder tener un marco de referencia claro a la hora de exponer el caso de AIDIT en términos microeconómicos (sección 3).

2. Principios de Microeconomía: Teoría de Juegos no cooperativos para comprender el comportamiento competitivo de las organizaciones

Antes de analizar en profundidad la evolución de AIDIT y de las empresas que participan del sector de certificación en I+D+i es prudente analizar los principios teóricos que emplearemos en este capítulo.

La **teoría de juegos** surge del trabajo seminal de Von Neumann y Morgenstern (1944). Esta rama de la economía emplea cálculos matemáticos con el objetivo de comprender y analizar el comportamiento de determinados agentes (por ejemplo: individuos, organizaciones, gobiernos).

En la actualidad la **teoría de juegos** se ha convertido en uno de los paradigmas de la economía y las finanzas, y la misma es particularmente útil ya que de su análisis es posible extraer conclusiones que permiten mejorar los procesos de toma de decisiones estratégicas. La teoría de juegos también ha demostrado su utilidad como herramienta de gestión y de análisis para evaluar el impacto de cambios exógenos sobre las empresas (cambios de política económica por ejemplo).

Como sucede en muchos otros sectores económicos, el sector de la certificación en I+D+i está formado por empresas que escogen de forma individual sus estrategias de mercado, las cuales pueden ser heterogéneas entre sí. Las empresas ofrecen como producto la certificación en I+D+i, un producto que es homogéneo por lo que es perfectamente sustitutivo entre competidores. De esta forma, las características de este mercado nos permiten concluir que un análisis de mercado desde la perspectiva de la teoría de juegos es particularmente útil para entender las dinámicas de mercado a medida que un sector económico evoluciona y el número de competidores se incrementa.

Para comprender la teoría de juegos y los principios microeconómicos empleados en este caso partiremos de un ejemplo que servirá de base para el posterior análisis del mercado de empresas certificadoras en I+D+i en España.

En el ejemplo hipotético propuesto, supongamos que el precio medio del producto ronda los 10 euros, y la facilidad para crear este producto empleando tecnologías fácilmente accesibles al público provoca que su coste fijo sea extremadamente bajo (en nuestro ejemplo de cero euros). El precio máximo que un cliente está dispuesto a pagar por este producto es aproximadamente de 26 euros, y se estima que el coste variable unitario es de 2 euros (cv). De esta forma, la función de demanda emerge de una formulación lineal general $P = a - bQ$, donde $a > 0$ es el precio máximo que el consumidor está dispuesto a pagar por el producto, y $b > 0$ es la pendiente de la demanda, esto es, la intensidad con que decrece el precio ante aumentos en la cantidad ofrecida en el mercado. Para efectos de este ejemplo la función de demanda propuesta es:

$$P(Q) = a - bQ$$
$$P(Q) = 26 - Q$$

(2.1)

En la expresión (1) P es el precio de mercado a estimar y Q es la cantidad total de mercado aportada por los competidores ($Q = \sum_{i=1}^{J} q_i$). Nótese que en la función de demanda propuesta $a = 26$ y $b = 1$. Como en la mayoría de mercados, las empresas participantes buscan maximizar su beneficio (u) el cual viene determinado como la relación entre ingresos y costes de cualquier empresa analizada (i), esto es:

$$u_i(q) = P \times q_i - cv_i \times q_i$$
$$u_i(q) = q_i \times (P - cv_i)$$

(2.2)

Para todas las empresas del mercado, la expresión ($P - cv$) es el margen de contribución unitario, esto es, el beneficio marginal que la empresa obtiene por cada unidad vendida.

2.1. Situación de monopolio

En este punto la primera pregunta que surge se relaciona con determinar el precio de mercado (P) si solo existiera una empresa en el sector. Este primer caso es conocido como **monopolio**, y su principal característica es que el mercado está dominado por una única empresa que maximiza los beneficios de mercado. En monopolio la empresa absorbe el total del beneficio de mercado, esto es $u = \sum_{i=1}^{J} u_i = (P(Q) - cv)Q$. Sustituyendo la función de demanda de mercado e introduciéndola en la última expresión, se deduce que $u = (26 - Q - 2)Q \rightarrow u = (24 - Q)Q \rightarrow u = 24Q - Q^2$.

Aplicando cálculo diferencial, se sabe que la máxima cantidad posible a producir dado $u=24Q-Q^2$ es $\partial u/\partial Q=0=24-2Q \rightarrow Q^M=12$. De esta forma, la solución de equilibrio de monopolio para este caso indica que la empresa maximizará su beneficio al producir 12 unidades, y sustituyendo esta cantidad en la función de demanda se sabe que el precio de mercado en monopolio es $P(Q^M)=P^M=26-12=14$.

Sabiendo que $P^M=14$ y que $Q^M=12$ en situación de monopolio, el beneficio total generado por la empresa será de $u^M=(P^M-cv)Q^M \rightarrow u^M=(14-2)12 \rightarrow u^M=144$.

2.2. Modelo de Cournot: Competencia en igualdad de condiciones

En el caso de monopolio donde una empresa controla el mercado, el beneficio total iría a parar a la empresa dominante, sin embargo, ¿cuáles serían las condiciones de mercado si un nuevo competidor entra a competir en el sector? Para brindar una respuesta eficiente a esta pregunta es necesario tener en consideración dos supuestos subyacentes al modelo. En primer lugar, en este ejemplo suponemos que las dos empresas que compiten en el mercado ofrecen productos totalmente homogéneos por lo que son perfectamente sustituibles entre sí.

Un claro ejemplo de evolución de mercado con pocas empresas participantes donde los productos son homogéneos y perfectamente sustituibles es el caso de los *web browsers*. Hasta 2004 este mercado estaba controlado por Microsoft© y cerca del 95% de usuarios utilizaban Internet Explorer. El avance tecnológico en el desarrollo de sistemas operativos así como la generalización de tecnologías por parte de empresas de distinta ideología económica provocó que el mercado se segmentara y que las nuevas empresas que aparecieron en este sector lograran consolidar su posición. Según estadísticas obteni-

	Internet Explorer	Google Chrome	Firefox	Safari	Otros
2003	94,28%		3,66%	1,50%	0,56%
2006	67,10%		24,80%	2,40%	5,70%
2009	50,30%	5,50%	32,30%	5,10%	6,80%
2012	27,80%	31,50%	20,70%	15,10%	4,90%

Fuente: Elaboración propia a partir de datos obtenidos en W3Counter©, NetMarketshare© y OneStat©

Tabla 2.1. Evolución del sector mundial de web browsers (Cuota de mercado)

das de empresas de monitoreo tecnológico (W3Counter©, NetMarketshare© y OneStat©), Microsoft© pasó de ser el líder de mercado a tener en 2012 el 27,80% de cuota de mercado, valor que es inferior al alcalzado por el líder de mercado en 2012 (Google©: 31,50% de cuota de mercado). Otros web browsers como Firefox© y Safari© también muestran cuotas de mercado importantes en 2012.

De esta forma, este primer supuesto de homogeneidad de producto no supone una restricción sino que más bien refleja la naturaleza de muchos mercados donde existen dos o pocos competidores y donde las empresas compiten en cantidad ofrecida.

El segundo supuesto está relacionado con la posición de mercado de las empresas competidoras. En el caso de dos organizaciones que compiten en un mismo mercado con un producto homogéneo, las empresas pueden operar en igualdad de condiciones, esto es, con cuotas de mercado simétricas donde cada empresa aporta una cantidad de producto igual al mercado ($q_1 = q_2 \wedge q_1 + q_2 = Q$). Este modelo de competencia puede extenderse a tantos competidores como se requiera, y es conocido como el **modelo de competencia de Cournot**.

Siguiendo el ejemplo propuesto, sabemos que la función de demanda es $P(Q) = 26 - Q$ y además se asume que las empresas que operan dentro del sector tienen el mismo coste variable ($cv = 2$). En el caso que existan dos competidores $Q = \sum_{i=1}^{2} q_i \wedge q_1 = q_2$ y ambas empresas desean maximizar su beneficio (u) por lo que tienen la misma función objetivo. En estas condiciones es posible aplicar el principio de simetría en el vector de ventas de las empresas, esto es, $\sum_{i=1}^{J} q_i = Jq_i$ donde J es el número de empresas (expresión 2.3) y en consecuencia la cuota de mercado de cada empresa es ($1 / J$).

En el caso de la empresa 1, su beneficio es $u_1 = (P - cv)q_1$ y éste se maximiza cuando:

$$u_1 = (a - bQ - cv_1)\, q_1$$
$$\partial u_1 / \partial q_1 = 0 = (a - cv_1) - bJq_1 - bq_1 \qquad (2.3)$$
$$\partial u_1 / \partial q_1 = 0 = (a - cv_1) - (J + 1)bq_1$$

De esta forma, la cantidad de equilibrio de mercado de Cournot será igual para todas las empresas (J) y vendrá determinada por:

$$Q^c = \frac{J(a - cv)}{b(J + 1)} \qquad (2.4)$$

31

Realizando la sustitución empleando los datos del ejemplo propuesto, cuando en el sector operan 2 empresas la cantidad total de equilibrio de mercado es $Q^C = J(a-cv)/b(J+1) \rightarrow Q^C = 16$. Teniendo en cuenta que la cuota de mercado es simétrica $(1/J)$, esto implica que cada empresa debe lanzar 8 unidades de producto al mercado. Con esta información es posible calcular el precio de equilibrio de mercado, el cual es $P(Q^C) = 26 - Q^C \rightarrow P^C = 10$.

Con el resultado de equilibrio de Cournot obtenido en este escenario, $P^C = 10$ y $Q^C = 16$, el beneficio total generado entre las dos empresas que forma el mercado es de $u^D = (P^C - cv)\dfrac{Q^C}{J} \rightarrow u^D = (10-2)\dfrac{16}{2} \rightarrow u^D = 64$.

De esta forma se observa como la solución de precio de mercado de Cournot (en presencia de dos competidores: $P^C = 10$) es inferior al caso de monopolio ($P^C = 14$). En consecuencia, el beneficio generado cuando operan 2 empresas en el mercado ($u^D = 128$) está por debajo de la obtenida en situación de monopolio ($u^M = 144$). Esto es consistente con los principios básicos de economía de mercado, donde se sabe que a medida que la oferta (Q) crece debido a la presencia de más competidores (J) el precio de mercado desciende (P) y, por consiguiente, los beneficios individuales de las empresas (u) también descienden.

2.3. Modelo de Stackelberg: Entrada de nuevos competidores en sectores donde existe un líder en cuota de mercado

La principal implicación del modelo de Cournot es que las empresas operan en igualdad de condiciones en el mercado. Sin embargo, en muchos casos esto no sucede así, por lo que este supuesto lo relajaremos para acercarnos a la realidad empresarial.

Básicamente proponemos extender el análisis y analizar el caso donde existe una empresa líder que ingresó primero al mercado y tiene una posición de dominancia por su condición de *first mover*; y una segunda empresa que entró a competir con posterioridad y busca posicionarse en el mercado. La presencia de un líder de mercado reconocido implica que este modelo contempla secuencias competitivas. Este modelo se conoce como **modelo de Stackelberg** y su resultado (equilibrio Cournot-Stackelberg) claramente incrementa la credibilidad del análisis. Además, este modelo tiene importantes implicaciones estratégicas ya que tiene en consideración la ventaja competitiva que las empresas desarrollan dada su experiencia de mercado y su posición inicial al momento de que una segunda empresa entra en el mercado.

Manteniendo los datos del ejemplo propuesto, en el caso de que en el mercado exista un líder dominante (empresa 1) y una empresa nueva desee ingresar en busca de rentas (empresa 2), el modelo de Stackelberg busca dar solución al problema de la nueva empresa que se enfrenta a una empresa consolidada en el mercado. La intuición del modelo de Stackelberg es que la nueva empresa conoce la oferta del competidor líder (q_1) y además la empresa que entra en el mercado se enfrenta al problema adicional que su demanda es residual, esto es, la demanda de la nueva empresa está restringida a aquellos segmentos de clientes que no logran adquirir el producto debido a que la capacidad productiva de la empresa líder es limitada para satisfacer toda la demanda.

Añadiendo este elemento distintivo crucial, y empleando los mismos datos del ejemplo propuesto, la función de demanda del nuevo competidor es $P(q_2) = (26 - q_1) - q_2$. Por simplicidad suponga que ambas empresas tienen el mismo coste variable ($cv = 2$).

La función de demanda del nuevo competidor bajo este enfoque claramente refleja el carácter residual de su demanda, rompiendo de esta forma con la simetría en la oferta total del producto ($Q^s = \sum_{i=1}^{2} q_i \wedge q_1 \neq q_2$). Al igual que en el caso anterior, ambas empresas desean maximizar su beneficio (u), sin embargo para la nueva empresa la función de utilidad viene dada de la siguiente forma $u_2 = q_2 (P(q_1, q_2) - cv_2) \rightarrow u_2 = q_2 (24 - q_1 - q_2)$.

La condición de primer orden de maximización de beneficios es que el beneficio marginal sea igual a cero. De esta forma, derivando con respecto a la cantidad de la nueva empresa se obtiene la cantidad que maximiza su beneficio:

$$\max u_2^s = q_2 (P(q_1, q_2) - cv_2)$$

$$\max u_2^s = q_2 (24 - q_1 - q_2)$$

$$\partial u_2 / \partial q_2 = 0 = 24 - q_1 - 2q_2 \qquad (2.5)$$

$$q_2^s = f(q_1^s) = 12 - \frac{q_1^s}{2}$$

De esta forma, la estrategia de producción del nuevo competidor es una función de la cantidad ofrecida por la empresa líder del mercado ($q_2^s = f(q_1^s)$). En el caso de la empresa líder de mercado, la decisión sobre la cantidad a ofrecer en el mercado (q_1^s) es una función de la demanda original, sin embargo, es lógico pensar que el líder de mercado tenga en cuenta la reacción del nuevo competidor a la hora de fijar su estrategia de producción. Así, la función de beneficio que la empresa líder del mercado busca maximizar es:

$$u_1^S = q_1^S(P(q_1^S, q_2^S) - cv_1)$$

$$u_1^S = q_1^S(24 - q_1^S - f(q_1^S))$$

$$u_1^S = q_1^S(24 - q_1^S - 12 + \frac{q_1^S}{2})$$

(2.6)

En este caso, la condición de líder de mercado permite a la empresa 1 que sus beneficios dependan exclusivamente de sus operaciones, y tomando la derivada de su beneficio es posible resolver el modelo de Stackelberg y obtener la cantidad de equilibrio a la Cournot-Stackelberg:

$$\max u_1^S = q_1^S(24 - q_1^S - 12 + \frac{q_1^S}{2})$$

$$\max u_1^S = 12q_1^S - (q_1^S)^2 + \frac{(q_1^S)^2}{2}$$

$$\partial u_1^S / \partial q_1^S = 0 = 12 - 2q_1^S + \frac{2q_1^S}{2}$$

$$\partial u_1^S / \partial q_1^S = 0 = 12 - 2q_1^S + q_1^S$$

$$\partial u_1^S / \partial q_1^S = 0 = 12 - q_1^S$$

$$q_1^S = 12$$

(2.7)

Esto indica que la empresa líder puede ofrecer 12 unidades de producto en el mercado, y a partir de este resultado es posible deducir la estrategia productiva que el nuevo competidor adoptará en el mercado. La opción estratégica de una empresa se conoce como función de respuesta, y en el caso del nuevo competidor ésta viene dada por: $q_2^S = f(q_1^S) = 12 - \frac{q_1^S}{2} \rightarrow q_2^S = 6$. Finalmente, para una cantidad total de producto de 18 unidades, el precio de mercado de equilibrio del modelo es $P(Q^S) = 26 - 18 \rightarrow P^S = 8$.

Gráficamente es posible analizar las relaciones que existen entre las funciones de respuesta estratégica de las dos empresas competidoras analizadas.

La Figura 2.2 muestra como la capacidad productiva de las empresas está condicionada a su poder de mercado. Mientras que la empresa líder de mercado, con mayor

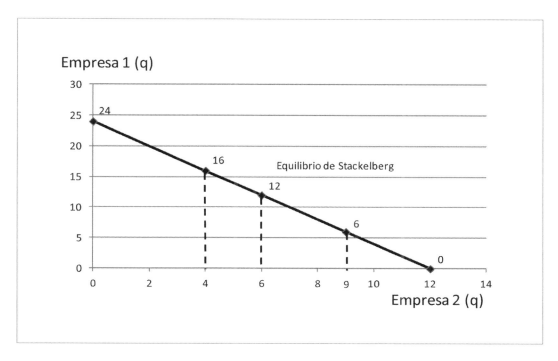

Figura 2.2. Funciones de respuesta estratégica

experiencia de mercado, es capaz de adoptar opciones estratégicas de forma endógena; la nueva empresa que decide entrar en el mercado tiene una capacidad de respuesta estratégica limitada (máximo de 12 unidades) dado que su demanda está condicionada a la oferta del líder de mercado.

A partir de los resultados del modelo de Stackelberg (en presencia de dos competidores: $P^S = 8$) es posible obtener el beneficio de cada empresa competidora. En el caso de la empresa líder ($q_1^S = 12$) el beneficio es $u_1^S = q_1^S (P^S - cv) \rightarrow u_1^S = 12(8-2) \rightarrow u_1^S = 72$, mientras que en el caso del nuevo competidor su beneficio es $u_2^S = 36$. De nuevo se observa que el beneficio total generado por las 2 empresas que operan en el mercado ($u_1^S + u_2^S = 108$) es inferior a la solución obtenida en monopolio ($u^M = 144$).

El resultado del modelo de Stackelberg muestra como, ante la entrada de un nuevo competidor, la empresa líder obtiene dos tercios del mercado. De esta forma, el modelo de Stackelberg refleja la ventaja competitiva generada por la experiencia en el mercado (en este caso por ser la primera empresa), ofreciendo una imagen más realista del comportamiento organizacional en mercados sujetos a la entrada de nuevos competidores.

2.4. Análisis de competencia perfecta

Hasta ahora hemos analizado dos tipos de mercados concretos: monopolio y duopolio. Sin embargo, es común observar a académicos economistas, administraciones públicas y agentes encargados del diseño de políticas plasmar de forma contundente las bondades de la competencia en los mercados. Los sectores económicos próximos a la competencia perfecta son aquellos caracterizados por tener mínimas barreras de entrada y donde se permite el acceso a muchas empresas de manera libre. De esta forma, es posible observar una gran cantidad de empresas operando en el mercado, y ninguna tiene suficiente poder (cuota de mercado) para influir en la fijación del precio de mercado.

El paradigma dominante a la hora de defender la competencia en cualquier mercado se basa en el hecho que a medida que el número de competidores aumenta en un mercado, la producción total crece, mientras que el precio de mercado disminuye hasta acercarse al coste marginal debido a la intensificación de la competencia entre las empresas participantes. Esto se conoce como el teorema del límite de Cournot.

Para el análisis de competencia perfecta emplearemos el ejemplo original usado a lo largo de ésta sección donde la función de demanda de mercado es $P(Q)=26-Q$ y donde, por simplicidad, las empresas que operan dentro del mercado tienen el mismo coste variable ($cv=2$).[4] Para ejemplificar este principio así como los beneficios de la competencia perfecta (o cercana a ella) de forma práctica retomamos la ecuación (4) que presenta la cantidad de equilibrio en un mercado donde operan J empresas en ausencia de costes estructurales:

$$Q^* = \frac{J(a-cv)}{b(J+1)}.$$

A partir de esta expresión es posible determinar la cantidad de equilibrio en competencia perfecta (Q^*) así como el precio de equilibrio (P^*) ante incrementos en el número de competidores. En este punto es importante destacar las dos formas comple-

---

[4] En la realidad económica de cualquier sector industrial, es lógico suponer que las empresas tienen distintas estructuras de coste. La homogeneidad en el coste variable (cv) se mantiene en este ejemplo por razones prácticas. Este supuesto se puede relajar, y de hecho en el análisis empírico de AIDIT se mostrará la forma de obtener los resultados de equilibrio cuando las empresas competidoras muestran distintas funciones de coste.

mentarias de analizar el funcionamiento de un mercado a partir del análisis propuesto. En primer lugar, suponiendo que en el mercado existen 1.000 competidores y que la pendiente de la demanda es unitaria ($b = 1$), es posible determinar fácilmente que $Q^* = 23,976$ y $P^* = 2,024$. Realizando la sustitución correspondiente es posible verificar de forma muy simple como, para cualquier valor J, conforme el número de competidores tiende a infinito el precio de mercado se acerca al coste marginal ($cv = 2$). Este análisis es particularmente útil desde la óptica de un ente monitor de la actividad de mercado, ya que permite evaluar el comportamiento empresarial y detectar potenciales estrategias de colusión entre las empresas competidoras a la hora de fijar el precio de mercado (por ejemplo, muy por encima del coste marginal para incrementar los beneficios de las empresas involucradas en la colusión).

En segundo lugar, y desde una posición más orientada a la empresa y el consumidor final, es posible determinar el precio de mercado de equilibrio ante distintos niveles de producción total. Por ejemplo, en el caso que existan 10 empresas compitiendo en el mercado se sabe que el nivel de competencia estará garantizado siempre y cuando la cuota de mercado de cada empresa sea $1/J$. Sabiendo que la función de demanda genérica es $P(Q) = 26 - Q$, de la cual es posible observar que la cantidad máxima de producto que puede ofrecerse en el mercado es de 26 unidades. Además, en condiciones de competencia perfecta el precio de mercado es igual al coste marginal. En el ejemplo propuesto esto es, $P^*(Q) = cv = 2$ dada la ausencia de costes fijos.[5] A partir de esta información es posible derivar la cantidad y el precio de equilibrio de mercado de competencia perfecta (Q^*), la cual vendrá determinada por $Q^* = 26 - Q = 2 \rightarrow Q^* = 24$.

Esta información es de gran utilidad para empresas y consumidores. El conocer la función de demanda de un producto permite a estos agentes estimar (con mayor o menor acierto) las fluctuaciones que puede experimentar el precio de mercado (y los beneficios de las empresas) ante variaciones esperadas o inesperadas en el volumen de oferta total. Los resultados de los distintos modelos analizados en esta sección se presentan en la Tabla 2.2, y la Figura 2.3 muestra la representación gráfica de los distintos equilibrios analizados hasta ahora (monopolio y duopolio).

A manera de conclusión, del análisis de los distintos tipos de mercado propuestos se desprende que el monopolio es un tipo de mercado donde predomina un precio elevado, una oferta limitada y unos beneficios maximizados en poder de una única em-

---

[5] El análisis a partir de una estructura de costes que incluye costes fijos no es trivial. En el apartado dedicado a AIDIT se presentará la solución de mercado para el caso de empresas en cuya estructura de costes existen tanto costes variables como fijos.

Competidores (*J*)	Cantidad total ofrecida (*Q*)	Precio de mercado (*P*)	Beneficio total para la empresa (*u*)
Monopolio (una empresa)	12	14	144
Duopolio de Cournot (2 empresas)	16 Empresa líder: 8 Empresa nueva: 8	10	128 Empresa líder: 64 Empresa nueva: 64
Duopolio de Stackelberg (2 empresas)	18 Empresa líder: 12 Empresa nueva: 6	8	108 Empresa líder: 72 Empresa nueva: 36
Competencia perfecta	24	2	0

Tabla 2.2. Equilibrio de mercado en distintos escenarios competitivos según la cantidad de mercado ofrecida y determinado por una función de demanda $P(Q)=26-bQ$ ($b=1$)

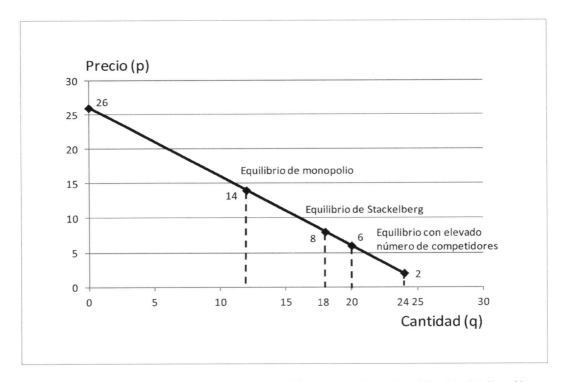

Figura 2.3. Equilibrios de mercado estimados (función de demanda $P(Q)=26-bQ$ ($b=1$))

presa. La irrupción de un nuevo competidor en el mercado crea competencia, forzando una disminución en el precio de mercado y un incremento en la oferta. En presencia de competencia los beneficios disminuyen y se reparten entre los competidores en función de su poder de mercado.

2.5. Los beneficios creados en el mercado

El hecho que el precio de mercado se acerque al coste marginal de forma que el beneficio de la empresa sea cercano a cero parece un elemento que juega en contra del análisis propuesto. Ello debido a que se podría interpretar que los incentivos a crear empresas en sectores con un alto número de participantes decrece con respecto a la cantidad de empresas. Sin embargo, este resultado es reflejo de la realidad económica de muchos sectores donde el elevado nivel de intensidad competitiva (alto número de empresas) representa una importante barrera de entrada para nuevos competidores. Ello es debido a que las nuevas empresas perciben que su demanda potencial (a la Stackelberg) es limitada y, por consiguiente, su potencial beneficio.

Aplicando un análisis de excedente social, el hecho que en un mercado se observen bajos niveles de precios es un aspecto muy positivo desde la perspectiva del consumidor. Todo mercado genera beneficios los cuales se reparten entre empresas y consumidores, y el hecho que los precios de mercado sean cercanos al coste marginal es una señal que el comprador está obteniendo parte de los beneficios creados por el mercado.

En el caso del modelo de monopolio, el excedente del consumidor representa la diferencia entre el precio máximo que estaría dispuesto a pagar (curva de demanda) y el precio de mercado fijado. En el caso de las empresas que operan en el mercado, el excedente de éstos agentes se entiende como el beneficio generado, esto es, la distancia entre el precio de mercado y su coste marginal.

En la Figura 2.4a se observa como el excedente de la empresa en monopolio es el área $12 \times 12 = 144$; mientras que el excedente del consumidor representa el área $12 \times 12 / 2 = 72$. En condiciones de monopolio el total del valor creado en el mercado asciende a 216.

La Figura 2.4b muestra los resultados del reparto del beneficio creado cuando compiten 2 empresas. El resultado del modelo de Stackelberg muestra que el excedente del consumidor en este caso es el área $18 \times 18 / 2 = 162$. En el caso de las empresas productoras, el excedente total viene demarcado por el área $18 \times 6 = 108$. Siguiendo el

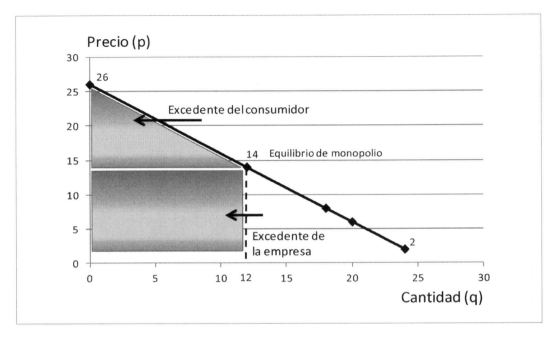

Figura 2.4a. Excedente del productor y del consumidor en monopolio

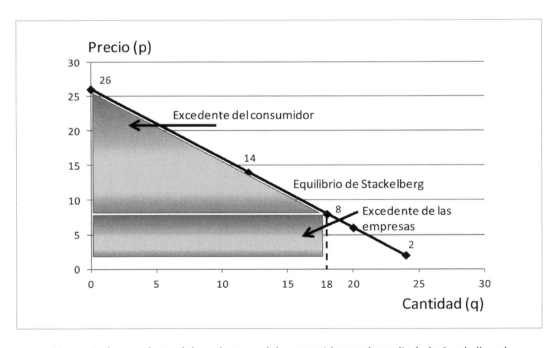

Figura 2.4b. Excedente del productor y del consumidor en duopolio (a la Stackelberg)

resultado del modelo de Stackelberg, 72 unidades de excedente son generadas por la empresa líder de mercado, mientras que las restantes 36 unidades de excedente son del nuevo competidor.

Finalmente, si el mercado opera en competencia perfecta el precio de mercado es igual al coste marginal ($P = cv$) por lo que todo el excedente de mercado pertenece a los consumidores. De la Tabla 2.3 se observa como en este caso el excedente es de 288 unidades. A efectos ilustrativos, si se analiza la Figura 2.4a o 2.4b, el excedente del consumidor se puede representar gráficamente al tomar el área $(26 - 2) \times 24 / 2 = 288$.

Como era de esperar, la competencia perfecta maximiza el beneficio total creado por la actividad económica, sin embargo, en este caso todo el beneficio es para los con-

	Modelo de Monopolio	Modelo de Cournot	Modelo de Stackelberg	Competencia perfecta
Cantidad de equilibrio (Q*)	**12**	**16**	**18**	**24**
Cantidad de equilibrio (Q_1): Empresa líder de mercado		8	12	
Cantidad de equilibrio (Q_2): Nuevo competidor		8	6	
Precio de equilibrio (P)	**14**	**10**	**8**	**2**
Ventas totales	168	160	144	48
Ventas de la empresa líder de mercado ($P \times Q_1$)		80	96	
Ventas del nuevo competidor ($P \times Q_2$)		80	48	
Beneficio total: $u^* = Q^*(P - cv)$	**144**	**128**	**108**	**0**
Beneficio de la empresa líder de mercado (u_1)		64	72	
Beneficio del nuevo competidor (u_2)		64	36	
Excedente del consumidor	**72**	**128**	**162**	**288**
Valor total creado	**216**	**256**	**270**	**288**

Tabla 2.3. Reparto de beneficios creados en el mercado: Análisis de distintos escenarios competitivos determinados por la función de demanda $P(Q) = 26 - bQ$ ($b = 1$)

sumidores. Por el contrario, formas de mercado consideradas ineficientes (monopolio y duopolio) muestran peor desempeño en términos de valor generado, aunque en estos casos las empresas pueden lograr resultados positivos y apropiarse de buena parte del beneficio generado en el mercado.

Las deducciones teóricas que emergen del análisis microeconómico llevado a cabo en esta sección nos permite contar con las herramientas para evaluar la evolución de la empresa AIDIT en el mercado de las certificaciones de I+D+i. De esta forma esperamos poder comprender las razones que llevaron a la empresa a sucumbir ante la presión de mercado, a pesar de haber sido la empresa pionera en este sector en España.

3. Análisis de AIDIT: De líder de mercado a intensidad competitiva

3.1. Historia y estructura organizacional de AIDIT

Desde su creación la estructura organizativa de AIDIT se apoya en tres pilares: Órganos de Gobierno, Órganos de Supervisión y Estructura Operativa. Los órganos de gobierno están formados por el consejo de administración y la dirección general. El consejo de administración estaba compuesto por miembros vinculados a las dos universidades fundadoras y co-propietarias al 50% de AIDIT (Universidad Politécnica de Cataluña y Universidad Politécnica de Madrid). La dirección general estaba regentada por la impulsora y promotora del proyecto Anna Sánchez. En 1998 era licenciada en ingeniería de telecomunicaciones, tenía experiencia profesional en el ámbito de la promoción y gestión de proyectos de transferencia tecnológica y estaba empezando su tesis doctoral en incentivos fiscales y relaciones universidad-empresa[6].

En ese momento se le presentó la oportunidad de negocio de aprovechar el conocimiento técnico de las universidades politécnicas españolas para crear una empresa certificadora de la actividad de I+D en España. En el momento de su creación en el año 2001 la visión de futuro fue fundamental para poder llevar a la realidad los planes de negocio, así como la posterior consolidación como líder en el sistema de certificación. En ese momento, Anna Sánchez era la única empleada. En esa etapa inicial, con escasos recursos, fue imprescindible el reconocimiento de las carencias personales

---

[6] La tesis doctoral fue defendida en 2013 y es un buen documento de consulta para entender mejor el caso AIDIT (Sánchez, 2013).

y estructurales, así como la autocrítica, para identificar contactar a los expertos que se implicaran en el proyecto, en su creación y en la comunicación de una visión compartida a todos los niveles. Anna Sánchez fue la directora general de AIDIT hasta 2011 pero nunca tuvo acceso a la propiedad accionarial que en todo momento quedo en manos de UPC y UPM.

Los órganos de supervisión se componían de un comité asesor, que contaba con 35 miembros externos. Siguiendo las normas establecidas desde ENAC, la función de este comité consistía en garantizar la imparcialidad y calidad en el proceso de certificación llevado a cabo por AIDIT. Finalmente la estructura operativa fue creciendo junto a la actividad de la empresa. Una parte de esta estructura era fija y sus salarios se podían considerar parte de los costes fijos. En ella encontramos personal de distintos perfiles, ubicados en una estructura transversal compuesta por gestores de proyectos, auditores, comerciales, y personal de dirección y administración. Otra parte era externa y dependía del nivel de certificaciones contratadas. Los empleados externos eran expertos que realizaban las evaluaciones técnicas y contables. En muchos casos los expertos eran profesores de las universidades co-propietarias de AIDIT, generando beneficios indirectos a la estructura laboral de las universidades. A modo de entender la evolución experimentada por AIDIT en términos de empleo podemos ver la Tabla 2.4. En 2003 AIDIT tenía 10 empleados inter-

	2003	2006	2009
	Monopolio	Oligopolio	Competencia Perfecta
Total informes emitidos	30	439	680
Ingresos totales	122.221€	1.258.539€	1.717.436€
Ingreso medio por informe (p)	4.074,03€	2.866,83€	2.525,64€
Coste expertos externos	34.160€	677.795€	787.059€
Coste medio del evaluador experto (cv)	1.138,67€	1.543,95€	1.157,44€
Coste del experto (cv) / precio (p)	27,26%	43,21%	39,34%
Trabajadores internos	10	24	24
Trabajadores externos	7	357	586
Número de competidores en el sector	1	4	10

Fuente: AIDIT y la base de datos SABI©.

Tabla 2.4. AIDIT: Descriptivo de la actividad económica entre 2003 y 2009

nos pero realizaba pocas certificaciones y por lo tanto solo necesitó 7 expertos externos. En 2006 aumentó el número de empleados fijos a 24 y aumentó exponencialmente el volumen de certificaciones demandadas por lo que la plantilla externa creció hasta 357 expertos. En 2009 el número de empleados internos se mantuvo constante pero la contratación externa siguió creciendo, llegando a un volumen de casi seiscientas personas involucradas.

3.2. *AIDIT como dominador absoluto del mercado de certificaciones en I+D+i*

A modo de poder estudiar la situación competitiva del sector de las certificaciones en I+D+i pensemos que la función de demanda tiene la forma lineal $P(q) = a - bq$ y asumimos que el precio máximo que una empresa está dispuesta a pagar por una certificación en I+D+i es de 5.000 euros y que la sensibilidad precio de la demanda es de 10 euros. Así la demanda del sector se expresa como $P(q) = 5.000 - 10q$.

Al ser la primera empresa del sector, AIDIT se especializó por completo en el mercado de certificaciones en I+D+i, y se sabe que AIDIT en sus inicios tuvo que generar y absorber todos los costes derivados de este proceso. Así, su estructura de costes se caracteriza por un alto peso de los costes fijos, los cuales rondaban los 200.000 euros en 2002 y 2003 ($CF = 200.000$). Además, se considera que el informe emitido por el evaluador experto independiente es el principal coste variable (cv) que la empresa debe asumir.

La información facilitada por la empresa indica que entre 2003 y 2006 la estructura de evaluadores externos recibían en promedio 1.200 euros por cada informe emitido ($cv = 1.200$). De esta forma, el beneficio operativo de mercado de AIDIT en sus inicios viene determinado por $u(q) = q(P - cv) \rightarrow u(q) = q(P - 1.200)$, mientras que el beneficio neto es $u(q) = qP - qcv - CF \rightarrow u(q) = qP - 1.200q - 200.000$.

En monopolio la empresa absorbe el total del beneficio de mercado, esto es $u = \sum_{i=1}^{J} u_i = (P - cv)Q \rightarrow u = \sum_{i=1}^{J} u_i = (P - 1.200)Q$.

Sustituyendo la función de demanda de mercado e introduciéndola en la última expresión, se deduce que $u = (5.000 - 10Q - 1.200)Q \rightarrow u = (3.800 - 10Q)Q \rightarrow u = 3.800Q - 10Q^2$.

Aplicando cálculo diferencial, se sabe que la máxima cantidad posible a producir dado $u = 3.800Q - 10Q^2$ es $\partial u / \partial Q = 0 = 3.800 - 20Q \rightarrow Q^M = 190$. Así, la solución de equilibrio de monopolio para este caso indica que la empresa maximizará su beneficio al producir 190 certificaciones en I+D+i, y sustituyendo esta canti-

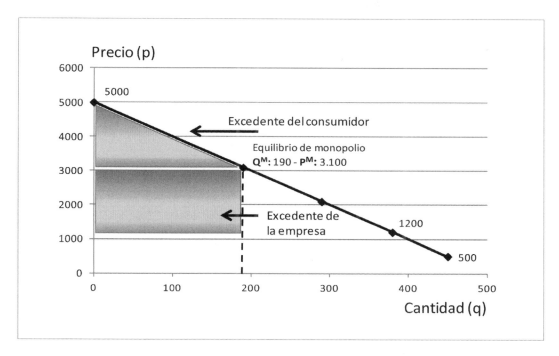

Figura 2.5. Equilibrio de monopolio en el mercado de certificaciones en I+D+i

dad en la función de demanda se sabe que el precio de mercado en monopolio es $P(Q^M) = P^M = 5.000 - 10Q^M \rightarrow P(Q^M = 190) = 3.100$ euros.

Sabiendo que $P^M = 3.100$ y que $Q^M = 190$ en situación de monopolio, el beneficio total generado por la empresa (excedente en poder de la empresa) será de $u^M = (P^M - cv)Q^M - C^f \rightarrow u^M = (3.100 - 1.200) \times 190 - 200.000 \rightarrow u^M = 161.000$. El mismo resultado puede ser obtenido a partir de la Figura 2.5. Teniendo en cuenta que AIDIT debe internalizar todo su coste fijo, es posible observar que el excedente de la empresa es el área $(3.100 - 1.200) \times 190 = 361.000$, resultado que lleva al beneficio de 161.000 euros una vez internalizado sus costes fijos ($CF = 200.000$).

3.3. AIDIT se enfrenta por primera vez a la competencia: Modelo de Stackelberg

Como se comentó en la introducción del capítulo, la entrada de nuevos competidores está sujeta a la aprobación y acreditación por parte de ENAC. De esta forma, y con independencia del año de fundación de las empresas, en 2004 irrumpe en el mercado de certificaciones en I+D+i la empresa AENOR (Asociación Española de Normalización y Certificación), y posteriormente en 2005 entran cuatro nuevos competidores en este sector: la Cámara de Comercio de Madrid, FITSA (Fundación Instituto Tecnológico para la Seguridad del Automóvil), ACIE (Agencia de Certificación de Innovación Española), y EQA (European Quality Assurance). Entre 2006 y 2010 la competencia en el sector ha incrementado debido a la entrada cuatro nuevos competidores.

Un aspecto importante que debe ser tomado en cuenta a la hora de analizar el sector y determinar su equilibrio competitivo se relaciona con la estimación de la función de costes de las empresas competidoras. En términos del análisis de competencia en presencia de una nueva empresa en el sector (equilibrio de Stackelberg), la función de demanda del nuevo competidor debe reflejar el carácter residual de su demanda, rompiendo de esta forma con la simetría en la oferta total del producto ($Q^s = \sum_{i=1}^{2} q_i \wedge q_1 \neq q_2$). Además, y en aras de acercar el análisis a la realidad económica del sector, el modelo debe ser flexibilizado de forma que sea posible que las dos empresas competidoras (AIDIT y el nuevo jugador) tengan una función de costes específica, lo que claramente provoca que la función de utilidad (u) sea también específica para cada empresa competidora: $u_i = (P - Cv_i)\, Q_i \wedge u_1 \neq u_2$.

Los costes de AIDIT son conocidos, sin embargo, la empresa está altamente especializada en esta actividad, y en sus inicios tuvo que internalizar una serie de inversiones asociadas al desarrollo de los protocolos de certificación, pruebas piloto en conjunto con la administración pública y capacitación a empleados y evaluadores externos. Toda esta actividad genera una serie de costes fijos que son absorbidos por la empresa. Esto provoca que la estimación del modelo de equilibrio de mercado a partir del coste fijo de AIDIT lleve a un resultado más que previsiblemente erróneo.

Para solucionar este escollo, y determinar de forma aproximada el coste fijo de mercado se procedió a extraer información contable y organizacional de la base de datos SABI©. De esta fuente de información fue posible extraer datos tanto para AIDIT como para las empresas AENOR, EQA, ACIE, Ziurtek y GlobalSpain (la naturaleza legal de la Cámara de Comercio de Madrid, FITSA, INNOVAMAR y IMPIVA hace que sus cuentas no estén registradas en esta base de datos).

En el caso de AENOR, la empresa fue constituida en el año 2001 y desde entonces realiza estudios de certificación de conformidad a normas o especificaciones técnicas (por ejemplo, ISO-9001, OHSAS-18001 entre otras). Su entrada en el mercado de certificaciones de I+D+i supuso una extensión natural a su actividad previa. Esto dificulta la identificación de los costes fijos relevantes derivados de la actividad certificadora en I+D+i. El caso de la empresa ACIE es similar, puesto que la empresa fue fundada en 1999 y aunque su entrada en el mercado se produjo de forma oficial en 2005, la adopción de los protocolos para la certificación en I+D+i representa una rama más de la gama de certificaciones ofrecidas por la empresa.

Por el contrario, la empresa EQA fue fundada en 2004 y su incursión en el mercado se produjo en el año 2005. Dado esto se decidió considerar a EQA como referente para obtener una estimación del coste fijo de la industria. Se debe tener en cuenta que en el año 2005 la empresa iniciaba operaciones y la organización pudo emplear este año para adaptarse al mercado y llevar a cabo una serie de operaciones que podrían crear costes hundidos para la empresa. Con el fin de incrementar la veracidad de la estimación, se consideraron los costes medios de naturaleza fija generados entre los años 2006 y 2007 para el análisis. Dada la imposibilidad de estimar de forma exacta el coste fijo, se decidió obtener una estimación fruto de comparar los resultados de la explotación con el beneficio antes de intereses e impuestos para cada periodo. A partir de los datos obtenidos de la base SABI© se concluye que EQA tiene una tasa de margen de contribución media del 11,64% entre 2006 y 2007. Además, la diferencia promedio entre el resultado estrictamente operativo de la empresa y su resultado antes de intereses e impuestos entre estos años es de cerca de 5.400 euros.

A manera de complemento para el análisis se llevó a cabo el mismo análisis para la empresa ACIE, pero en este caso centrando la atención sobre los incrementos de coste. De la información obtenida del SABI© se observa que entre 2006 y 2007 los costes estructurales crecieron en promedio 9.976 euros.

De esta forma, podemos decir que entre 2006 y 2007 las empresas EQA y ACIE registran en promedio un coste no operativo medio de 7.688 euros. En consecuencia, el análisis de los distintos equilibrios de mercado (a la Stackelberg y de competencia perfecta) incluirán en la función de coste 7.600 euros como componente fijo (coste fijo).

Con esta información y partiendo de la misma función de demanda de mercado, $P(q) = 5.000 - 10q$, es posible dibujar las funciones de demanda y de coste para AIDIT y para el nuevo competidor.

En el caso de AIDIT, se mostró en la Tabla 4 que el coste variable relevante es el pago a la estructura de evaluación externa ($cv = 1.200$ euros) y que sus costes fijos estimados (CF) ascienden a 200.000 euros. En el caso del nuevo jugador, el coste fijo corresponde al valor antes estimado ($CF = 7.600$ euros) y el coste variable relevante del evaluador externo (cv) se estima en 1.000 euros. Esta ventaja en costes del competidor externo se debe principalmente a que no tenía compromisos institucionales con los expertos técnicos los cuales en el caso de AIDIT eran, tal y como se comentó anteriormente, profesores de universidad. Más adelante AIDIT cambiaría las condiciones para los expertos pero esto requirió de un aprendizaje organizacional que se mantuvo durante los años de oligopolio (2004-2007).

Como se mostró anteriormente en la sección 2, para obtener la cantidad ofrecida de equilibrio de Stackelberg primero es necesario aplicar cálculo diferencial y maximizar el beneficio del nuevo competidor. De esta forma, y teniendo en cuenta la función de coste del nuevo competidor es posible encontrar la cantidad que maximiza su beneficio derivando con respecto a la cantidad ofrecida:

$$\max u_2^S = q_2 * (P(q_1, q_2) - cv_2)$$

$$\max u_2^S = q_2 * ((5.000 - 10q_1 - 10q_2) - 1.000)$$

$$\frac{\partial u_2}{\partial q_2} = 0 = 4.000 - 10q_1 - 20q_2 \qquad (2.8)$$

$$q_2^S = f(q_1^S) = 200 - \frac{1}{2} q_1$$

Como puede observarse, la estrategia de producción del nuevo competidor está expresada como una función de respuesta de la cantidad de mercado ofrecida por la empresa líder ($q_2^S = f(q_1^S)$). En cuanto a AIDIT (empresa líder de mercado en ese momento), la decisión sobre la cantidad a ofrecer (q_1^S) es una función de la demanda original y de la estrategia del nuevo competidor. En presencia de un nuevo competidor y teniendo en cuenta la función de costes específica de AIDIT, la función de beneficio que la empresa busca maximizar es:

$$u_1 = q_1 * (P(q_1, q_2) - cv_1)$$

$$u_1 = q_1 * ((5.000 - 10q_1 - 10q_2) - 1.200)$$

$$u_1 = q_1 (3.800 - 10q_1 - 10f(q_1)) \qquad (2.9)$$

$$u_1 = q_1 \left(3.800 - 10q_1 - 10 \left(200 - \frac{1}{2} q_1 \right) \right)$$

En este caso, la condición de líder de mercado permite a la empresa 1 que sus beneficios dependan exclusivamente de sus operaciones, y tomando la derivada de su beneficio es posible resolver el modelo de Stackelberg y obtener la cantidad de equilibrio a la Stackelberg:

$$\max u_1^S = q_1 * (P(q_1, q_2) - cv_1)$$

$$\max u_1^S = q_1 * \left(3.800 - 10q_1 - 10\left(200 - \frac{1}{2}q_1\right)\right)$$

(2.10)

$$\frac{\partial u_1}{\partial q_1} = 0 = 1.800 - 20q_1 + 10q_1$$

$$q_1 = 180$$

Este resultado indica que en condiciones de equilibrio AIDIT debería ofrecer 180 informes valorativos de actividades de I+D+i. A partir de este resultado es posible deducir la estrategia productiva del nuevo competidor en el mercado: $q_2^S = f(q_1^S) = 200 - \frac{1}{2}q_1^S \rightarrow q_2^S = 110$.

Finalmente, conociendo la cantidad total de equilibrio de mercado (290 informes), el precio de equilibrio del modelo de Stackelberg es de 2.100 euros: $P(Q^S) = 5.000 - 10QS \rightarrow P^S = 2.100$.

3.4. Intensidad competitiva en el mercado de certificaciones en I+D+i

Para 2009 el mercado contaba con 10 empresas ($J = 10$). El coste medio unitario resultante de operar en el mercado es $Cv = cv + \frac{CF}{Q/J}$ donde $cv = 1.000$ y el coste fijo medio de mercado se estimó en 7.600 euros ($CF = 7.600$), lo que lleva a un coste total medio de 1.200 euros. En condiciones de competencia perfecta el precio de equilibrio de mercado es igual al coste marginal aproximado por el coste medio unitario ($P(q) = Cv$). Sabiendo que la función de demanda del mercado de certificaciones en I+D+i en este ejemplo es lineal e igual a $P(q) = 5.000 - 10q$ podemos deducir que:

$$Cv = P(q)$$

$$cv + \frac{CF}{Q/J} = a - bQ$$

$$0 = a\frac{Q}{J} - bQ\frac{Q}{J} - cv\frac{Q}{J} - CF$$

(2.11)

$$0 = \frac{a - cv}{J}Q - \frac{b}{J}Q^2 - CF$$

La solución para esta ecuación cuadrática de segundo grado viene determinada por $x = \dfrac{-B - \sqrt{B^2 - 4AC}}{2A}$, donde en nuestro caso $A = \dfrac{-b}{J}$, $B = \dfrac{a-cv}{J}$ y $C = -CF$. De esta forma, haciendo uso de la información disponible sobre el mercado de certificaciones de I+D+i, es posible estimar la cantidad de equilibrio de mercado de competencia perfecta:

$$Q^* = 0 = \frac{a-cv}{J}Q - \frac{b}{J}Q^2 - CF$$

$$Q^* = \frac{-\dfrac{a-cv}{J} - \sqrt{\left(\dfrac{a-cv}{J}\right)^2 - 4\left(\dfrac{b}{J} \times CF\right)}}{2\dfrac{-b}{J}}$$

$$Q^* = \frac{\dfrac{cv-a}{J} + \sqrt{\left(\dfrac{a-cv}{J}\right)^2 - 4\left(\dfrac{b}{J} \times CF\right)}}{2\dfrac{-b}{J}} \qquad (2.12)$$

$$Q^* = \frac{400 + \sqrt{400^2 - 4 \times 7600}}{2}$$

$$Q^* = 380$$

De este resultado se desprende que el precio de equilibrio de competencia perfecta para el mercado de certificaciones en I+D+i es de 1.200 euros $(P(Q) = 5.000 - 10Q \rightarrow P(380) = 5.000 - 3.800 \rightarrow P^* = 1.200)$. Este resultado implica que cada una de las empresas del mercado $(J = 10)$ deberían emitir 38 informes de I+D+i al año cobrando un precio de 1.200 euros por cada informe emitido. De esta forma, el beneficio de las empresas es igual a cero $\sum_{i=1}^{J} u^* = (P^* - cv)Q^* - CF \times Q^* \rightarrow \sum_{i=1}^{J} u^* = 380(200) - 76.000 \rightarrow \sum_{i=1}^{J} u^* = 0$; y como puede apreciarse en la Figura 2.6, todo el beneficio creado en el mercado es para los consumidores: $(5.000 - 1.200) \times 380 / 2 = 722.000$.

Los procesos de innovación asociados al desarrollo de nuevas actividades industriales están asociados implícitamente a la incertidumbre sobre la demanda potencial y acogida que tendrá el nuevo producto o servicio en el mercado. Además, las primeras empresas que deciden entrar en el sector deben hacer frente a todos los costes fijos de aprendizaje y de desarrollo de estructuras productivas. Por contrapartida, las primeras empresas que asumen los riesgos de la nueva actividad obviamente aprovechan la situación competitiva ventajosa derivada de sus acciones innovadoras como emprendedores.

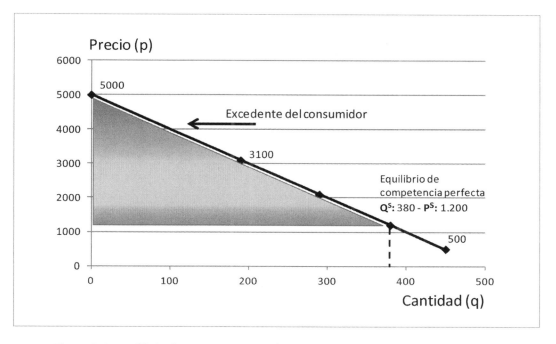

Figura 2.6. Equilibrio de competencia perfecta del sector de certificaciones de I+D+i

Una vez que la nueva actividad industrial evidencia su potencial y genera beneficios, nuevas organizaciones empezarán a aparecer como competidores en el mercado, siempre y cuando no se hayan creado barreras a la entrada. Estas nuevas organizaciones pueden incorporar innovaciones de proceso u organizacionales que pueden incluso dificultar la supervivencia del primer entrante. Este concepto está alineado con la definición de innovación basada en la destrucción creativa de Schumpeter (1934).

El caso de la empresa AIDIT y el sector de certificaciones en I+D+i cumple con los patrones teóricos aceptados para mercados competitivos. AIDIT fue la primera empresa en certificar procesos de I+D+i de forma exitoso, lo que le permitió desarrollar un servicio basado en procesos y esquemas organizativos en consonancia con los requisitos del ente regulador de la actividad (ENAC). Esto permitió que la empresa desarrollara una estructura organizacional con un elevado valor de mercado.

Sin embargo, la empresa no supo imponer barreras a la entrada y la competencia fue entrando paulatinamente en el sector. Los nuevos competidores tuvieron un proceso de aprendizaje mucho más ventajoso y acelerado, y estaban soportados por una estructura de costes menos condicionada por los intereses de los accionistas. En estas condiciones ventajosas, la competencia fue capaz de incorporar innovaciones de proceso logrando así ofrecer un servicio homogéneo que tenía un coste menor. AIDIT utilizó su reputación de mercado para luchar con la competencia emergente lo que le permitió mantener una posición de lide-razgo de mercado (solución de Stackelberg) durante los primeros años donde el sector pasó de ser un monopolio a ser uno caracterizado por la competencia oligopolística (2004-2007).

El nivel de competencia fue creciendo en el mercado hasta alcanzar la cifra de 9 competidores en el año 2010. El fuerte incremento en la competencia claramente presionó los precios de mercado a la baja, lo que llevó al mercado a un escenario de de competencia perfecta donde los competidores eficientes obtienen beneficios marginales. En el caso de AIDIT, la rígida estructura organizacional y de costes hizo que a la empresa le costara adap-tarse a las nuevas condiciones de mercado.

La Figura 2.7 nos ofrece un resumen de los equilibrios de mercado estudiados en este capítulo y de las reacciones por parte de AIDIT. En este sentido, es posible observar como AIDIT claramente intentó desarrollar una estrategia de diferenciación, imponiendo precios más altos que sus competidores (predichos por nuestro modelo). Este comporta-miento de mercado acabó pasando factura a los resultados empresariales de AIDIT, que fueron negativos a partir del año 2010.

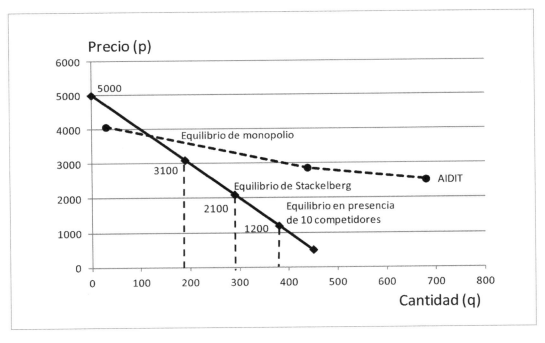

*Figura 2.7. Comparación de los equilibrios de mercado a lo largo del tiempo
y el comportamiento organizacional de la empresa AIDIT*

Referencias empleadas en el capítulo

Arrow, K. J. (1962). Economic welfare and the allocation of resources for invention. In Universities National Bureau Committee for Economic Research (Ed.), *The rate and direction of inventive activity: Economic and social factors* (pp. 609-626). Princeton: Princeton University Press.

Etzkowitz, H., & Leydesdorff, L. (2000). The dynamics of innovation: from National Systems and "Mode 2" to a Triple Helix of university–industry–government relations. *Research Policy*, 29: 109-123.

Gardner, R. (2003). *Games for Business and Economics*, 2nd edition, US: John Wiley & Sons.

Porter, M. E. (1990). The competitive advantage of nations. *Harvard Business Review*, 68(2): 73-93.

Sánchez, A. (2013). La relación entre la regulación, la innovación privada y la transferencia de tecnología de éxito. El caso AIDIT, como Spin-off universitario de éxito y su impacto en la Triple Helice. Tesis Doctoral Universitat Politècnica de Catalunya.

Schumpeter, J. A. (1934). *The theory of economic development: An inquiry into profits, capital, credit, interest and the business cycle*, Cambridge: Harvard University Press.

Von Neumann, J., & Morgenstern, O. (1944). *The Theory of Games and Economic Behavior*, Princeton: Princeton University Press.

Preguntas de discusión

Pregunta 2.1. Como se justifica en el caso el objetivo del gobierno es incentivar la creación y desarrollo de departamentos de I+D+i+i dentro del tejido empresarial español a partir de descuentos fiscales a esas empresas con ese tipo de proyectos. Pensemos que una empresa que hace I+D+i+i ve su tipo impositivo reducido del 30% al 15%. ¿Qué tipo de empresas puede atraer este tipo de medida?

Pregunta 2.2. ¿Por qué razón el gobierno desarrolla un sistema de certificaciones en innovación? ¿Qué problemas económicos solucionan dichas certificaciones?

Pregunta 2.3. Mientras reuníamos datos para el caso, la Dra. Anna Sánchez-Granados (promotora del proyecto y directora general de AIDIT hasta 2011) nos comentaba que en 2003 habían recibido una oferta de venta de 9 millones de euros y que en la actualidad el valor de la empresa era insignificante. ¿Por qué razón el valor de la empresa ha caído tanto? (Para más información sobre valoración de empresas mirar el tercer caso sobre la trayectoria empresarial de Patrick Puck).

Pregunta 2.4. AIDIT como primer entrante se encontró con una competencia incipiente desde los primeros años con la aparición de competidores como AENOR. La empresa no introdujo barreras a la entrada. ¿Qué barreras hubierais planteado?

Ejercicios

Ejercicio 2.1. Monopolio y competencia perfecta

Veamos un ejemplo donde poder aplicar las herramientas estudiadas en el caso, en especial la maximización de los beneficios de un monopolio y una empresa en competencia perfecta. El sector farmacéutico es un buen ejemplo ya que las barreras a la entrada se pierden cuando termina el derecho de exclusividad de las patentes.

Suponga el caso hipotético de la empresa FARMA, empresa farmacéutica que ha desarrollado un nuevo medicamento llamado *infortunium* que ayuda a superar la mala suerte. Esta patente estará vigente durante los próximos 20 años. El coste de producción del medicamento es muy económico: 4 euros por cada pastilla que se vende individualmente. Este medicamento es desconocido y requiere de publicidad específica. La publicidad se puede hacer siguiendo dos alternativas consiguiendo exactamente el mismo resultado en la función de demanda. Una primera alternativa es pagar a los médicos 6 euros por cada receta que faciliten. La segunda alternativa es anunciarse por televisión a un coste T. Asuma que la legislación vigente no permite usar las dos alternativas a la vez.

a) ¿Cuáles son las funciones de coste de la farmacéutica dependiendo de la campaña de promoción seleccionada?

Una vez el monopolio realiza cualquiera de las promociones consigue la función inversa de demanda, $P = 100 - 6Q$.

b) ¿Cuáles son los máximos beneficios que puede obtener la farmacéutica?

c) ¿Por qué rango de precios la farmacéutica se decidirá por una campaña publicitaria en televisión?

Asumimos que $T = 100$. Con este precio la farmacéutica decide que la estrategia óptima se pagar una comisión a los médicos. Por lo tanto asumimos que las empresas no incurren en coste fijo.

d) ¿Cuál es el excedente del consumidor? ¿Y el valor total?

Después de 20 años el medicamento *infortunium* se vuelve genérico y otros laboratorios ofrecen el principio activo. El mercado rápidamente se mueve a una situación de competencia perfecta donde todas las empresas pagan la misma comisión a los médicos.

e) ¿Cuáles son los beneficios, el excedente del consumidor y el valor total generado en la situación de competencia perfecta (a largo plazo)?

f) ¿Cuál es la situación con un valor total mayor? Porque crees que el gobierno da
patentes a las empresas farmacéuticas abriendo la oportunidad de creación de
un monopolio? (Pregunta de discusión).

III. Patrick Puck: Emprender en la nube tecnológica

1. En busca de la oportunidad: Bregenz - New York - Barcelona

Bregenz es una localidad al Oeste de Austria con una población aproximada de 25.000 habitantes. Se ubica justo en la frontera entre Suiza y Alemania. Es un sitio bucólico para vivir pero demasiado pequeño para una mente despierta con ganas de comerse el mundo. Ese era el caso de Patrick Puck en 1997.

Con 21 años Patrick vivía plácidamente con su familia en Bregenz, había terminado la licenciatura en informática y tenía un empleo fijo. Pero su deseo era vivir una experiencia profesional en una gran ciudad. Un día tomó la decisión de mandar currículos a empresas de Viena y Berlín pero soñaba con la posibilidad trabajar en Estados Unidos.

En esa época Niels Christensen, un cliente de la empresa donde trabajaba Patrick, se estableció en Nueva York y buscaba un programador. Patrick se ofreció pero sus primeras tentativas fueran descartadas por Niels. Era demasiado joven. Él insistió hasta que consiguió la oportunidad de realizar una entrevista en Nueva York. Él se tenía que

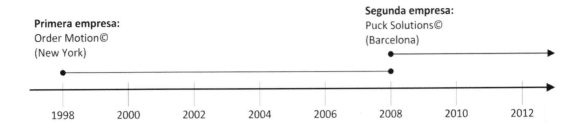

Figura 3.1. Visión general de la evolución emprendedora de Patrick Puck

financiar el viaje y aprovechó sus vacaciones para visitar la ciudad durante diez días. Con todo este esfuerzo consiguió que Niels le ofreciera unos meses a prueba. Su aventura había empezado.

Como se puede ver en la Figura 3.1 desde entonces ha creado dos empresas con otro cambio de residencia, esta vez a Barcelona. Las dos empresas, Order Motion© y Puck Solutions©, desarrollan servicios en la nube. La primera, Order Motion©, la vendió en tres ocasiones (2003, 2006 y 2013) y la segunda, Puck Solutions©, ha pasado de 3 a 30 trabajadores en 4 años.

2. Primera Etapa: Emprendedor tecnológico

Como Winston Churchill señaló en un discurso en la Universidad de Harvard en 1943, 'Los imperios del futuro serán los imperios de la mente.' Para Teece (2009) y Besanko y coautores (2013) este momento ha llegado. Cada vez más existen fuentes de ventaja competitiva relacionadas con la explotación del conocimiento y creatividad. Estos impulsan la generación, apropiación y gestión de los activos intangibles. Los activos intangibles son una clase de activos económicamente muy interesante, con implicaciones de gran alcance para crear y mantener una ventaja competitiva en el ámbito empresarial. Los sectores tecnológicos están rellenos de valor intangible difícil de cuantificar y que raramente suelen aparecer en las cuentas anuales. Estos intangibles reúnen conceptos como el talento y conocimiento de los trabajadores, la experiencia y contactos de los directivos, las investigaciones en curso o la reputación de la empresa. Con la irrupción de internet un intangible muy valorado por el mercado es la capacidad de desarrollar aplicaciones que faciliten el contacto con los clientes y que agilicen el mercado electrónico.

Actualmente el comercio electrónico (E-Commerce) es un sector en auge. Según los estudios de Forrester Research Inc.[7] el comercio electrónico de Estados Unidos movió en 2012 unos 226.000 millones de dólares, un 12% más que en 2011. Algunas empresas como Amazon© o eBay© se han hecho con el mercado de venta al por menor por internet de toda clase de productos nuevos o de segunda mano respectivamente. Las grandes marcas poseen tiendas online como un canal adicional de venta. En 1998 el comercio electrónico era un negocio incipiente. Grandes empresas focalizadas en bienes de consumo empezaban a crear sus portales web y sus tiendas online, recibiendo un número de pedidos creciente y difícil de gestionar. En esos momentos había dos grandes problemas para asegurar que el modelo de negocio tuviera éxito: gestión de pagos segura, y sistema de gestión de pedidos, envío y transporte eficaz. Había por lo tanto una creciente demanda de proveedores de servicios que dieran soporte a todos los procesos necesarios para estimular la confianza de consumidores y la rentabilidad del negocio online. Como es habitual en esos casos esta demanda de servicios conllevó la aparición de empresas que dieran cobertura a esa demanda. Muchas de ellas centradas en programación en la nube. La programación en la nube o 'cloud computing' es un nuevo modelo de negocio que se basa en servidores desde internet que se encargan de dar respuesta a las peticiones de los usuarios. Dichos servidores están ubicados alrededor del mundo para minimizar el tiempo de actividad, y maximizar la seguridad de información. Actualmente algunos de los proveedores de servicios de programación en la red son Dropbox©, iCloud© de Apple© o Google Drive© de Google©.

2.1. Gestionando servicios online

En 1998 el concepto de la nube era muy incipiente y recibía el nombre de Proveedor de Aplicaciones de Servicios (ASP por sus siglas en inglés, Applications Service Provider). Niels y Patrick concibieron una oportunidad de negocio en la gestión de pedidos en la nube a partir de una aplicación de servicios. Al poco tiempo de que Patrick aterrizará en Nueva York decidieron crear Order Motion©. Niels pondría capital y contactos y Patrick proporcionaría su capacidad de programar en la nube. Para Patrick todo eso de crear una empresa era una experiencia sumamente emocionante. Era consciente de sus limitaciones como líder y gestor empresarial en ese momento pero confiaba en Niels y su experiencia para cubrir esas capacidades mientras él aprendía a toda velocidad cómo funcionaba el mundo de los negocios.

---

[7] http://www.forrester.com/US+Online+Retail+Forecast+2011+To+2016/fulltext/-/E-RES60672?docid=60672/

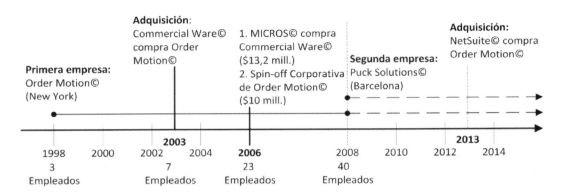

Figura 3.2. La evolución de Order Motion©

Como se aprecia en la Figura 3.2, en el año de fundación la empresa tenía 3 empleados: Niels (encargado comercial y financiero), Patrick (programador y desarrollador de servicios), y una empleada a cargo de tareas administrativas. En ese primer año ya consiguieron 7
clientes llegando a vender servicios por valor de doscientos mil dólares, y durante este periodo
la productividad del trabajo (ventas por empleado) osciló entre los 67 mil y los 71 mil dólares.

Técnicamente ellos ofrecían un servidor donde almacenar la información y un programa informático que permitía gestionar la logística de los pedidos. No se preocuparon de la
gestión de pagos. De hecho su servicio empezaba una vez verificado el pago. Su sistema informático estaba perfectamente adaptado a cada cliente y gestionaba todos los pasos que debía
seguir el producto vendido desde la empresa al cliente final. El sistema buscaba donde estaba
el almacén más cercano al cliente donde hubiera existencias del producto vendido. Luego daba
la orden de empaquetar el producto y hacer el envío. Todo este proceso generaba valor a la
empresa cliente ya que permitía minimizar riesgos de perder mercancías y agilizaba el proceso.

Un dato que permite ver el valor generado es el crecimiento que tuvo la empresa, en
términos de empleo creado. En los primeros cinco años de vida de la empresa el empleo se
duplicó, hasta llegar a un nivel de siete empleados en 2003 (ver Figura 3.2). El sector de empresas en la nube estaba en expansión. En esa época la actividad llevaba el nombre de servicios
bajo demanda (On Demand en inglés). Justo en 2003 llegó una oferta de compra tentadora.

2.2. La Opción de Salida: Adquisición Estructurada

Las grandes corporaciones tanto como las pequeñas y medianas empresas se
enfrentan a problemas de similar naturaleza a la hora de obtener recursos financieros

adicionales para financiar sus operaciones. Las empresas se enfrentan al problema de cómo obtener estos recursos y generar mayores volúmenes de negocio en el futuro, y los inversores se enfrentan a problemas relacionados con el acceso a información sobre la empresa (cantidad y calidad) a la hora de decidir en que proyectos invertir. La Teoría de Agencia explica de forma bastante solvente las características y los costes asociados a estos problemas de carácter económico.

La teoría de agencia fue descrita por primera vez por Jensen y Meckling en 1976 y expuesta de forma sencilla por Milgrom y Roberts (1992) y Besanko y coautores (2013). En la versión más sencilla de la teoría de agencia hay un solo individuo, llamado agente, que actúa en representación de otro, llamado principal. Ejemplos son el empleado y el empresario o los directivos y los accionistas. En el caso que nos ocupa tenemos a Commercial Ware©[8] que en 2003 quería entrar en el sector de la nube para ampliar su abanico de soluciones para sus clientes. Decidió adquirir una empresa, como Order Motion©, que ya poseyera el conocimiento en la programación en la nube manteniendo los antiguos propietarios, Patrick Puck y Niels Christensen, como directivos de la nueva unidad de negocio de la empresa. Esto es, Patrick y Niels harían el rol de agentes y Commercial Ware© el del principal.

Los rendimientos de las actividades del agente van a parar al principal, exceptuando los costes en los que incurre directamente el agente. En el margen el agente prefiere realizar una cantidad menor de la actividad que realiza para el principal, mientras que el principal prefiere una cantidad mayor. Este conflicto de intereses, también llamado riesgo moral, genera el problema de motivación desarrollado en la teoría de agencia. Cuando la actividad del agente es observable y verificable por terceras partes (ej. Juez) el conflicto de intereses se puede corregir mediante un contrato que defina con exactitud las actividades que deben ser desarrolladas por el agente. En caso que la actividad del agente no sea observable será necesario conseguir señales menos precisas que nos den información parcial del rendimiento obtenido por el agente. Dicha señal esta positivamente correlacionada con el rendimiento del agente, pero hay un componente aleatorio que no puede eliminarse. En términos generales estas señales suelen referirse al nivel de producción, las ventas generadas o el número de clientes obtenidos. Estos elementos son informativos pero normalmente también dependen de otros factores como el esfuerzo de otros trabajadores, de la fluctuación de la demanda o del funcionamiento irregular de una má-

---

[8] Empresa norteamericana de servicios de consultoría que desarrolla soluciones comerciales a minoristas y comercializadores directos. Ayuda a optimizar las operaciones de todos los puntos de contacto con el cliente. La organización ofrece una confluencia de soluciones multicanal que potencia muchas de las marcas líderes en venta al por menor.

quina. Este componente aleatorio es especialmente acusado en sectores tecnológicos con riesgos asociados elevados. El problema de agencia entre Patrick y Niels con Commercial Ware© se debía solucionar antes de cerrar ningún contrato de fusión o adquisición.

A pesar que las motivaciones entre una fusión y una adquisición pueden diferir, las características esenciales para ambas implica la aparición de una empresa nueva allí donde habían existido dos. Una fusión tiene lugar cuando dos compañías deciden combinarse en una sola entidad, manteniendo los mismos accionistas que tenían antes de la fusión. Pensemos en un ejemplo sencillo donde las empresas A, con 10.000 accionistas poseyendo 1 acción de 100€ cada uno, y B, con 20.000 accionistas poseyendo 1 acción de 50€ cada uno, se fusionan en la empresa AB. Acuerdan que dos acciones de B se sustituyan por 1 acción de A. Por lo tanto la empresa AB tendrá 30.000 accionistas teniendo 1 acción de 100€ cada uno de los accionistas. Los mismos propietarios manteniendo el mismo valor de la acción. Una adquisición tiene lugar cuando una empresa compra otra empresa, implicando una distinta estructura de propiedad. Pensemos que la empresa A quiere comprar la empresa C, con 2 accionistas poseyendo 1 acción de 100.000€ cada uno. Por ello abona 200.000€ a los accionistas de la empresa C, lo que implica que la nueva empresa AC tiene 10.000 accionistas poseyendo una acción de 120€ cada uno.

La adquisición o fusión puede unir dos empresas de la misma línea de productos, *fusión o adquisición horizontal* (ej. fusión bancaria en 1999 entre Banco Bilbao Vizcaya© y Banco Argentaria© creando BBVA©; o más recientemente la adquisición de Instagram© por parte de Facebook©); puede unir dos empresas que operan en diferentes estadios de la cadena de producción, *fusión o adquisición vertical* (ej. compra en 1995 de ABS Television© por parte de Walt Disney© o en el sector del comercio electrónico la compra de PayPal© por parte de e-Bay© por valor de 1.500 millones de dólares en 2002); o puede unir empresas en líneas de negocio no relacionadas, *fusión o adquisición de conglomerado*, estrategia poco común después de 1980.

Según Brealey y Myers (2003) hay cinco motivos para efectuar una fusión o adquisición. En primer lugar, aumentar el tamaño permite aumentar las economías de escala centralizando servicios financieros, contables o legales en un solo departamento. Estos beneficios son fáciles de diseñar sobre el papel pero son difíciles de implementar en la realidad. Las economías de escala son los objetivos principales de las fusiones horizontales y de conglomerado. Un segundo motivo para efectuar una fusión o adquisición son las economías de integración vertical, como su nombre indica muy comunes en la fusión o adquisición vertical. La coordinación de la cadena de producción entre proveedor de materias primas y cliente final puede ser costosa cuando hay muchas empresas operando en ella. Pensemos en una aerolínea que no posea los aviones. Ofrece vuelos, vende billetes y alquila los aviones a otras compañías. Esta organización puede funcionar a pequeña escala pero sería una pesadilla gestionarla dentro de una gran compañía ya que obligaría a la coordinación de centenares de contratos de alquiler cada día. Es normal que las aerolíneas estén integradas verticalmente. Un tercer motivo es el de los recursos complementarios. Las empresas pueden poseer conocimiento y/o talento que se complementa perfectamente. Por ejemplo una empresa con un buen departamento de desarrollo de producto se puede complementar muy bien con otra empresa con un potente equipo de venta. En cuarto lugar, una fusión o una adquisición permite dar un uso a un exceso de tesorería en la empresa distinto que el de dar dividendos a los accionistas. Esto es común en industrias maduras donde las empresas acumulan dinero líquido pero no tienen alternativas de reinversión en la línea de producto y por ello promueven fusiones o adquisiciones. Finalmente, las fusiones y adquisiciones permiten eliminar ineficiencias. Hay empresas con proyectos sólidos que están mal gestionadas. Esto hace que sean atractivas por terceras empresas que pueden aprovecharse de un bajo precio de la acción a causa de la mala gestión. Para que este motivo sea relevante deberíamos observar muchos reemplazos de ejecutivos justo después de la adquisición. Martin and McConnell (1991) encontraron que los directores generales tenían 4 veces más probabilidad de ser reemplazados el año siguiente de una adquisición, que en los años anteriores.

Commercial Ware© tenía mucho interés en integrar a Order Motion© en su estructura empresarial por desarrollo de economías de integración vertical (internalizaba al proveedor de servicios en la nube) y por complementariedad de capacidades. Commercial Ware© tenía mayor tamaño, amplia trayectoria empresarial y una extensa cartera de clientes mientras Order Motion© tenía un conocimiento técnico muy diferenciado. Justamente la diferencia de tamaño no aconsejaba un contrato de fusión y se decidieron por un contrato de adquisición estructurada que intentaba evitar los problemas de agencia descritos anteriormente como conflicto de intereses o riesgo moral. Una adquisición estructurada permite diferir los pagos dependiendo del rendimiento obtenido. En este caso se llevó a cabo una operación millonaria, en la que los pagos se dividían en un primer del 40% al momento de cerrar el contrato, y un segundo pago por el restante 60% que se llevaría a cabo a los 3 años, el cual estaba condicionado a diferentes variables como el número de clientes o la facturación. Con esta operación de adquisición Order Motion© pasó a ser una división de Commercial Ware©. Al formar parte de una corporación más grande, Order Motion© tuvo una capacidad financiera mayor para impulsar su crecimiento. En 2006, cuando acababa el período de tres años de la adquisición estructurada de Commercial Ware© a Order Motion©, la empresa había llegado a 23 trabajadores (ver Figura 2) y su productividad del trabajo creció alrededor de un 20%. Esto permitió que se hiciera efectivo el pago del 60% restante de la oferta de adquisición estructurada. Para esa época la actividad que realizaba Order Motion© ya tenía un nuevo término *Software-as-a-Service* (SaaS). En estos momentos estaba claro que el negocio funcionaría si y solo si la empresa propietaria de la tienda online (cliente) poseía los datos de los consumidores y por lo tanto era necesario un sistema de migración de datos eficiente.

Durante esa época Patrick Puck y Niels Christensen pasaron a ser trabajadores de Order Motion©. En 2006 llegó otro proceso de fusión y adquisición.

2.3. La aparición del Predador fuerza a Order Motion© a re-convertirse en una Spin-off corporativa

Muchas veces las empresas se ven forzadas a adoptar nuevos esquemas y a re-estructurarse ante la presencia de cambios organizacionales. Estos cambios pueden venir dados por procesos de expansión.

MICROS© es una multinacional con la central en Columbia (Maryland, Estados Unidos) de más de 1000 millones de dólares de facturación y unos 5000 empleados. Es una empresa famosa por la producción y comercialización de terminales de punto de venta (TPV). En 2006 MICROS© se interesó por Commercial Ware© pero no estaba interesado en el negocio en la nube desarrollado por Order Motion©.

Las ideas que motivan la creación de nuevas empresas pueden desarrollarse en el seno de empresas existentes. Este fenómeno se conoce como spin-off corporativa. Gompers, Lerner y Scharfstein (2005) consideran que hay dos grandes razones para la creación de spin-off corporativas. En primer lugar las nuevas empresas pueden surgir de ambientes con alto grado de innovación y emprendimiento. Presentan el caso de Fairchild©, una empresa en el sector de los semiconductores fundada en 1957 por ocho ingenieros que en 1959 consiguieron inventar el primer circuito integrado. A partir de ese momento los fundadores y otros ingenieros que habían sido contratados empezaron a crear empresas por su cuenta. Entre 1957 y 1976 una tercera parte de los nuevos entrantes en el sector de los semiconductores tenían un fundador que había trabajado en Fairchild©. Casi todas ellas se situaron en Silicon Valley, y de entre ellas destaca especialmente Intel©. En segundo lugar consideran que las nuevas empresas pueden surgir de grandes empresas. El gran tamaño de la empresa matriz y su burocracia dificulta que puedan comercializar nuevas tecnologías internamente. Este es el ejemplo de Xerox© que en la década de los 70s desarrolló las tecnologías claves del ordenador personal (impresora laser, la interfaz gráfica, el ratón) dentro de su proyecto Palo Alto Research Center (PARC) pero fue incapaz de comercializarlas dada su alta estructura burocrática. Algunas de las tecnologías alimentaron la creación de spin-offs corporativas como Adobe Systems©, otras de las tecnologías alimentaron a nuevas empresas independientes como Apple Computer©. Los directivos de las grandes empresas juegan un rol muy relevante en la decisión de no comercializar las nuevas tecnologías internamente. Mientras algunos directivos son incapaces de evaluar el valor de las nuevas tecnologías, en otras ocasiones conciben que la nueva tecnología esta muy alejada del negocio principal de la empresa. Esto da la oportunidad a uno o varios trabajadores de desarrollar comercialmente las nuevas tecnologías fuera de la empresa, a estos trabajadores formalmente se les conoce como intra-emprendedores. Martiarena (2013) define dos tipos de intra-emprendedores. Unos poseen acciones o tienen aspiraciones en poseerlas, los otros no forman parte del accionariado ni plantean serlos. A partir de una extensiva base de datos en España concluye que el primer grupo de emprendedores se parece mucho a los emprendedores en su baja aversión al riesgo y su alta rentabilidad esperada, mientras que los intra-emprendedores no accionistas tienen una aversión al riesgo y rentabilidad esperada muy similar a los trabajadores.

Patrick y Niels se encontraban en una encrucijada. Seguían creyendo firmemente en el negocio en la nube de Order Motion© pero en ese momento se encontraron sin un soporte financiero para mantener la relativamente grande estructura a la qué había llegado en los últimos años como división de Commercial Ware©. Decidieron convertir de nuevo a Order Motion© como una empresa independiente, convirtiéndose de este modo en una spin-off corporativa. Poseían experiencia emprendedora y tenían interés en recuperar una pequeña proporción de la propiedad de Order Motion© pudiendo considerarse intra-emprendedores con acciones en la terminología de Martiarena (2013). Su caso es más parecido al de Xerox© que al de Fairchild©, dado que el comercio electrónico y el negocio de la nube eran considerados como muy lejanos al negocio básico de Micros, TPVs y soluciones comerciales.

MICROS© dio todas las facilidades jurídicas para que Order Motion© volviera a ser un negocio independiente. El gran problema era económico y por lo tanto los nuevos inversores deberían tener capacidad financiera para seguir escalando el proyecto y hacer de Order Motion© una empresa altamente competitiva en el negocio de la nube. Un grupo de trabajo extenso del que formaban parte Patrick y Niels se puso a trabajar en la búsqueda activa de inversores que quisieran inyectar capital a la empresa a cambio de un porcentaje mayoritario de las acciones. Para ello Patrick tuvo que aprender rápidamente como funcionaba el mercado del capital riesgo en los Estados Unidos.

El capital riesgo busca financiar proyectos tecnológicos con gran capacidad de crecimiento, y por lo tanto una rentabilidad esperada alta, pero en cambio un alto riesgo de quiebra. Hay distintos tipos de inversores. En grandes rasgos los podemos clasificar entre los profesionales que suelen gestionar grandes fondos y hacen inversiones a partir de 2-3 millones de dólares, y los amateurs que son inversores individuales que quieren sacar mayor rentabilidad a sus ahorros. Estos son conocidos en inglés como Business Angels. Los Business Angels tienen dos grandes problemas: difícilmente pueden cubrir ellos solos la necesidad de financiación que tiene un proyecto emprendedor, y además no tienen recursos para acceder a información de los proyectos emprendedores más prometedores. Para poder solucionar ambos problemas se suelen unir en asociaciones de business angels.

El grupo de trabajo construido para la búsqueda de inversores presentó el proyecto unas 20 veces antes de conseguir dos nuevos inversores y accionistas mayoritarios de Order Motion©. Entre ambos invirtieron 10 millones de dólares. Esta entrada de capital permitió que el proyecto pudiera estabilizarse y ser sustentable. Los fondos se consiguieron con cierta facilidad. Esto es consistente con estudios empíricos recientes. Por ejemplo, Order Motion© era un proyecto sólido, con clientes y ventas. Sus promotores, Patrick y Niels, eran creíbles y tenían reputación en el sector de programación en la nube como una empresa con un conocimiento diferencial. En este sentido, Dimov, Shepherd y Sutcliffe (2007) y Dimov y Gedajlovic (2010) encuentran que las empresas con alta reputación y empresas en posesión de activos difíciles de imitar son mucho más proclives a conseguir financiación privada respectivamente. También de acuerdo a la evidencia reciente (Ortín-Ángel y Vendrell-Herrero, 2010) no solo se buscaba una inversión monetaria, también se quería que los nuevos inversores estuvieran altamente implicados en la gestión de la empresa.

Como dato adicional se debe mencionar que los nuevos propietarios (inversores) de Order Motion© tuvieron éxito en su proyecto. Después de más de 6 años trabajando en el proyecto lograron cerrar la venta de la empresa. A la 1:27 pm del 8 de Mayo del 2013 (hora de la costa este Americana) NetSuite© anuncia públicamente en NASDAQ la adquisición de Order Motion©.[9] NetSuite© es una empresa del Silicon Valley especializada en el desarrollo de software empresarial y financiero y actividades de comercio electrónico (E-Commerce). La empresa cotiza desde el 20 de Diciembre de 2007 en el NASDAQ, el índice bursátil de empresas tecnológicas de Estados Unidos. El valor de mercado de NetSuite© supera actualmente los 6.600 millones de US dólares.

En mercados bursátiles caracterizados por tener información perfecta, los eventos corporativos relacionados con fusiones, adquisiciones y cambios de ejecutivos son altamente relevantes y afectan el valor de mercado de las empresas cotizantes (Brealey y Myers, 2003). En el caso de NetSuite©, el valor de mercado de sus acciones en NASDAQ tenían un valor de US$89,83 el 8 de Mayo. En el transcurso de la semana inmediatamente posterior al anuncio de la adquisición de Order Motion© se produjo un incremento en el valor de las acciones de la empresa del 5,81% hasta alcanzar un valor de US$ 95,05 el 17 de Mayo (Figura 3.3).

---

[9] http://www.nasdaq.com/article/netsuite-buys-ordermotion-20130508-01032

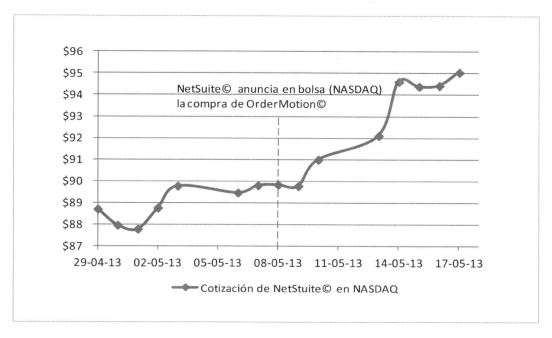

Figura 3.3. Evolución del valor de las acciones de NetSuite© en el NASDAQ
(29 Abril del 2013 – 17 de Mayo del 2013)

3. Segunda Etapa: Emprendedor en serie

Esta sección se centra en un elemento fundamental en el estudio de la creación de empresas: el emprendimiento en serie. Diversos estudios muestran que aquellos individuos que son alentados por sus propias expectativas acerca de sus capacidades emprendedoras desarrollan niveles de confianza superiores, y tienen una mayor probabilidad de avanzar en el proceso de iniciar un nuevo negocio (Lafuente y coautores, 2007). Otro factor crítico que contribuye a catapultar a las personas hacia actividades emprendedoras es el capital humano específico que éstos adquieren a lo largo de su vida (Lazear, 2005). En el caso de los emprendedores, este capital humano también emerge de su experiencia como empresarios, ya que este conocimiento específico facilita que muchos individuos, una vez creada su primera empresa, se embarquen de nuevo en un nuevo proyecto emprendedor.

De esta forma, y con independencia del nivel de éxito, aquellas personas que en el pasado fueron propietarias de un negocio desarrollan este capital humano específico relacionado con la creación de empresas, lo que les da una mayor capacidad para aventurarse en nuevos negocios en el futuro (Politis, 2008). Este conocimiento y experiencia se consideran vitales ya que constituyen una potencial fuente de ventaja competitiva de la nueva empresa. Este tipo de capital humano está asociado a elementos tales como: 1) el proceso formal burocrático necesario para crear una empresa, 2) la formulación de planes de negocio más realistas y con mayor nivel de desarrollo, 3) la experiencia para gestionar la obtención de recursos financieros sea a través de entidades financieras o inversores privados, 4) gestión empresarial, y 5) redes de contactos de potenciales clientes, proveedores, y distribuidores.

A pesar del valor del capital humano específico generado a través del aprendizaje como emprendedor, es relevante cuestionarse si las posibilidades de iniciar un nuevo negocio se incrementan cuando la experiencia empresarial es positiva, o si por el contrario, la probabilidad de crear un nuevo negocio decae cuando la experiencia emprendedora del individuo es negativa.

Contrario a lo que muchos podrían suponer, la persistencia emprendedora no es una función del éxito pasado como emprendedor. Los trabajos llevados a cabo por Cope (2011) y Ucbasaran y coautores (2011) revelan que la capacidad de un individuo para convertirse en emprendedor en serie es más bien fruto de la percepción de sus habilidades empresariales, y de la capacidad del emprendedor para maximizar su capital humano. El nivel de éxito empresarial no es un factor determinante ya que en muchas ocasiones la decisión de abandonar una iniciativa empresarial puede surgir por consideraciones de mercado. De esta forma, la decisión de crear una empresa por parte de un emprendedor en serie está condicionada por su capital humano genérico (educación formal) y por su conocimiento acumulado fruto de su experiencia emprendedora.

El caso de Puck Solutions© encaja perfectamente en este marco. Patrick Puck cuenta con el conocimiento técnico necesario para crear valor a través de proyectos relacionados con *cloud computing*. Además, la experiencia acumulada como emprendedor de Patrick le permite contar con el *stock* de conocimiento empresarial necesario para aventurarse en nuevos proyectos y crear nuevas empresas.

3.1. La aventura en solitario: De New York a Barcelona

Patrick sentía que la aventura en Nueva York llegaba a su fin. Había vendido una misma empresa dos veces y había ganado dinero con ello. Aun mantenía un pequeño porcentaje de las acciones de Order Motion© pero sus responsabilidades en gestión habían descendido significativamente al entrar los nuevos accionistas. Seguía siendo un activo importante de la empresa como programador en la nube pero ese era un trabajo que podía realizar desde cualquier sitio en el mundo. Solo necesitaba buena conexión a internet. ¿Cuál sería su próximo destino?

Patrick había tomado la decisión de volver a Europa para estar más cerca de su familia. Quería una ciudad con acceso al mar para poder disfrutar de una de sus grandes pasiones, la vela. No hablaba español en ese momento pero eso no fue un impedimento para escoger Barcelona. Se trasladó en 2006, y al inicio Patrick seguía siendo asalariado de Order Motion©. Le gustaba tener un horario flexible y trabajar en casa, pero esa sensación empezó a hacerse pesada después de unos meses, por lo que empezó a plantearse montar su propio proyecto en Barcelona. ¿Pero cuál podía ser la oportunidad de negocio?

En conversaciones con los nuevos propietarios de Order Motion© supo que querían subcontratar gran parte de los servicios informáticos y dedicarse únicamente a la comercialización de la plataforma de gestión de pedidos. Como el salario de los informáticos era elevado en Estados Unidos o Canadá estaban planteándose subcontratar el servicio a una empresa extranjera. A parte del coste también valoraban la confianza y la proximidad cultural. Patrick se dio cuenta que el nivel de los informáticos españoles era competitivo, que su salario medio era un 40 o 50 por ciento más barato que en Estados Unidos, y que la distancia cultural entre España y Estados Unidos era baja. Sólo había una barrera lingüística. Además él conocía mejor que nadie los entresijos de la programación informática de la plataforma de Order Motion©.

Se puso a conversar formalmente con los propietarios de Order Motion© sobre la posibilidad de que él fundará una empresa que diera servicio informático integral a Order Motion©. Llegaron a un acuerdo. Patrick por segunda vez en su vida estaba liderando un proyecto emprendedor. Esta vez en España y en solitario. Decidió bautizar este proyecto con el nombre de Puck Solutions©. En 2008 registró la empresa como una Sociedad Limitada, contrató a dos programadores con buen nivel de inglés y se centró en gestionar los servicios informáticos para Order Motion©. Tenía en mente que si el negocio funcionaba miraría de buscar nuevos clientes. Se había convertido en un líder empresarial a las puertas de una crisis financiera y económica global.

3.2. Puck Solutions©: Movimiento Estratégico dentro de la Cadena de Valor del Comercio Electrónico

3.2.1. La Cadena de Valor

Se podría decir que las empresas son agentes económicos que operan en un mercado en busca de rentas fruto de su actividad. Al interior de la empresa, existen una serie de operaciones que deben llevarse a cabo para garantizar que el flujo de actividades internas permite crear de forma eficiente el producto o servicio ofrecido por la empresa a sus clientes.

Actividades de apoyo
Infraestructura – Gestión de recursos humanos – Desarrollo tecnológico – Gestión organizacional

Figura 3.4. La Cadena de Valor de Michael E. Porter

La descripción detallada de todas las operaciones que tienen lugar dentro la empresa, desde la compra de todos los recursos necesarios para desarrollar sus actividades (*inputs*) hasta la venta del producto/servicio final (*output*) al cliente, se conoce como Cadena de Valor. Este modelo estratégico fue desarrollado por Michael Porter (1985), y la intuición de su planteamiento radica en reconocer que todas las actividades que ocurren en la empresa añaden valor al producto/servicio ofrecido por la empresa.

El análisis estratégico basado en la Cadena de Valor (Figura 3.4) no solo permite conocer la organización interna de las operaciones de la empresa, sino que además identifica la importancia estratégica de cada operación para la empresa así sus impactos positivos y negativos en el desempeño empresarial. El esquema de Cadena de Valor de Porter (1985) asume que el sistema de actividades al interior de la empresa es independiente, pero que dichas actividades están conectadas entre sí. De esta forma, cada actividad afecta el coste de producto/servicio así como la efectividad de otras actividades, y se espera que el cliente pague un monto que exceda el coste unitario de todas las actividades para que la empresa genere un margen de beneficio positivo.

Dentro de la Cadena de Valor es posible distinguir dos tipos de actividades que tienen lugar en la empresa. Por un lado, las actividades primarias representan todas las etapas que deben llevarse a cabo para desarrollar el producto/servicio ofrecido por la empresa. Estas etapas se clasifican en:

a) *Proveedores*: Representa el acceso a los recursos necesarios para desarrollar el producto/servicio (*inputs*) así como la organización de los procesos con los distintos proveedores de materias primas, de trabajo (contratos con empleados), y de capital (entidades que financian la cadena de valor).

b) *Operaciones*: Proceso de transformación de las materias primas que permite obtener el producto final (para empresas de servicios se hablaría del desarrollo del mismo).

c) *Distribución*: Hace referencia a la distribución del producto terminado y la organización de este proceso (embalaje, almacenamiento de producto acabado, programación y gestión de entregas).

d) *Ventas*: Medios empleados por la empresa para hacer llegar su producto/servicio al cliente final, ya sea a través de una fuerza de ventas propia o mediante contratos con terceros (otros agentes). También se consideran los esfuerzos en marketing para dar a conocer la empresa y su producto/servicio.

e) *Servicio post-venta*: Esfuerzos de la empresa por fidelizar al cliente e incrementar el valor del producto/servicio a través de mecanismos más allá de los legalmente impuestos, tales como: garantía adicional, servicio de instalación y reparación gratuita, resolución de conflictos, entre otros.

Las actividades de apoyo (o complementarias) dan soporte a las actividades primarias, y éstas tienen relación con las infraestructuras disponibles en la empresa (instalaciones, equipos, maquinaria, etc.), la gestión de recursos humanos, la gestión tecnológica de la empresa (nivel de implementación tecnológica y desarrollo de actividades de I+D), y con la gestión de la empresa (organización interna, contabilidad, gestiones con administraciones públicas). Estas actividades complementarias (ej.; servicio de limpieza, seguridad, contabilidad) no tienen un alto carácter estratégico dentro de la empresa, y generan poco a ningún valor al producto/servicio de la empresa. Por lo tanto, muchas empresas deciden acudir al mercado y sub-contratan algunas o todas estas actividades.

3.2.2. El rol de Puck Solutions© en la Cadena de Valor del E-Commerce

El desarrollo y la consolidación de las tecnologías de la información y del Internet representan el cambio disruptivo más significativo desde la revolución industrial (Christensen y Overdorf, 2000; Tidd, Bessant y Pavitt, 2005).

Los modelos de negocio adoptados por los agentes económicos que realizan E-Commerce pueden ser de dos tipos (Vulkan, 1999; Bakos, 2001). En primer lugar, las relaciones denominadas *business-to-business* (B2B), que son aquellas donde los dos agentes involucrados en la transacción (vendedor y comprador) son empresas. En segundo lugar, las relaciones *business-to-consumer* (B2C) donde una empresa vende u ofrece directamente sus servicios al consumidor final. Ejemplo de este tipo de modelo de negocio son las redes sociales (ej., Facebook©, Twitter©) y las empresas que venden distintos productos *online* (ej.: Amazon©, E-Bay©).

Dado que Puck Solutions© es un jugador activo en el sector del E-Commerce, hemos adaptado el análisis de cadena de valor antes descrito al caso de la empresa con el fin de determinar su posición estratégica y el valor añadido que genera en el sector. Para ello, nos hemos basado en el trabajo de Porter (2001), y la representación gráfica se muestra en la Figura 3.5.

Durante la primera etapa emprendedora de Patrick, Order Motion© adoptó el modelo de negocio B2B. De esta forma, la empresa generaba contratos de servicio con empresas cuyos productos están dirigidos a consumidores finales (modelo de negocio B2C). La función de Order Motion© consiste en desarrollar software que facilita la relación entre sus clientes y los consumidores finales a través de aplicaciones que permite que la logística y gestión de las compras realizadas online sea eficiente. Como ya se indicó en la sección 2.1, Patrick era el encargado de la programación y el desarrollo del software.

Las características de la operación de adquisición de Commercial Ware© por parte de MICROS© en 2006 fuerza la salida de Order Motion©, y por consiguiente de Patrick.

En este momento, Patrick observó que existía un vacío en la cadena de valor del sector: la mayoría de empresas proveían servicios y aplicaciones específicas (ej.: Paypal©), sin embargo, faltaban empresas desarrolladoras de software dirigido a gestionar operaciones y datos. De esta forma, Patrick logra atraer nuevos inversores para mantenerse en el negocio del cloud computing.

Es en este momento cuando Patrick inicia su segunda etapa como emprendedor. En esta etapa utiliza el conocimiento adquirido en Order Motion© para crear en 2008 Puck Solutions© con sede en Barcelona (Sección 2.3). En esta etapa, Patrick decide aprovechar este vacío de mercado y realiza un movimiento estratégico dentro de la cadena de valor,

Figura 3.5. El valor añadido de Puck Solutions© en la Cadena de Valor de E-Commerce

y posiciona a Puck Solutions© como proveedor estratégico de software en la nube (cloud computing). Esta re-orientación del modelo de negocio hacia el flanco de proveedores permite a Puck Solutions© posicionarse estratégicamente dentro de la cadena de valor del sector (Figura 3.5).

De esta forma, Patrick consigue especializarse exclusivamente en operaciones de cloud computing. Al inicio, aprovecha su buena relación con los nuevos accionistas de Order Motion©, y los convence para que subcontraten el desarrollo de software a Puck Solutions©. Este nuevo diseño estratégico le permite dirigir sus esfuerzos hacia el desarrollo de software principalmente. Las características del servicio ofrecido por Puck Solutions© le permite concentrarse en corporaciones (B2B) y construir una cartera de clientes estable cuyo volumen de actividades está en etapa de crecimiento. De esta forma, para 2011 contaba únicamente con 3 clientes, sin embargo, estos clientes son empresas multinacionales operando en distintos sectores industriales y operando en diferentes contextos geográficos.

Un aspecto relevante a mencionar es que durante su andadura en Order Motion©, Patrick notó que el valor de las empresas de la nube estaba altamente correlacionado con el capital humano. En este caso, era difícil separar el valor de Order Motion© del valor del conocimiento adquirido por Patrick como desarrollador.

Distinto del caso de otros activos, el capital humano adquirido por las personas permanece incorporado a éstas, imposibilitando la separación del conocimiento de la persona que lo posee. Esto provoca problemas a la hora de gestionar recursos humanos e incluso a la hora de valorar empresas. Un ejemplo de cómo el capital humano es un aspecto estratégico y clave para las empresas lo constituye el caso de Steve Jobs y Apple Computers©. Desde el regreso de Steve Jobs a la empresa en 1997 hasta la fecha de su fallecimiento (5 de Octubre de 2011), el valor de las acciones de Apple© se multiplicó por 90. Este significativo aumento en el valor en bolsa de la empresa obedece por una parte a las expectativas del mercado sobre la capacidad innovadora de la empresa como resultado del trabajo de Jobs. Por otra parte, el desarrollo de nuevos productos y la monetización de las inversiones en I+D (ej.: patentes) claramente tuvieron un impacto positivo en los beneficios de la empresa, contribuyendo a incrementar su valor de mercado. El mercado valoraba positivamente el capital humano y las capacidades de Jobs, y en consecuencia, su fallecimiento tuvo un impacto negativo sobre la cotización de la empresa. Así, el día posterior a su muerte se reportó una brusca caída de más del 5% en el precio de las acciones de Apple©.[10]

---

[10] Las acciones de Apple© cayeron bruscamente más de un 5% el 6 de Octubre de 2011, el día siguiente a la muerte de Steve Jobs (The Guardian, 6 de Octubre, 2011)

Para evitar este tipo de problema de indivisibilidad entre el capital humano y el capital económico, Patrick decidió introducir en Puck Solutions© una política de recursos humanos distinta a la adoptada en Order Motion©. El objetivo de Patrick en Puck Solutions© es buscar mayores niveles de autonomía entre sus empleados, para lo cual decidió emplear una serie de mecanismos internos que permitan generar una mayor transmisión de conocimientos técnicos y de gestión a sus trabajadores. Por ejemplo, se introdujo el concepto de trabajo en equipos multidisciplinares, esto es, grupos de trabajadores que de forma conjunta realizan labores tanto técnicas como de gestión de clientes. Este mismo mecanismo se utiliza de forma individualizada, y en este caso un solo empleado realiza varias tareas, gestionando todos los aspectos técnicos y organizativos relacionados con un cliente. Además, Patrick introdujo en la empresa el concepto de seminarios semanales, y el objetivo de éstos consiste en compartir con sus trabajadores conocimientos específicos relacionados con *cloud computing*.

De esta forma, Patrick busca a través de la implementación de estos mecanismos que el valor de la empresa en el futuro no esté muy correlacionado con sus conocimientos y capital humano acumulados.

3.3. Puck Solutions©: Desempeño Empresarial

3.3.1. Análisis contable-financiero

Esta sección tiene por objetivo emplear información contable con el fin de evaluar el desempeño operativo y económico de Puck Solutions©. La contabilidad se define como el conjunto de normas y técnicas empleadas para capturar información sobre las transacciones y eventos de corte financiero dentro de una unidad económica. Este proceso de recolección de información y documentación de eventos permite elaborar una serie de reportes considerados críticos para evaluar la gestión empresarial.

Antes de iniciar el análisis financiero-contable es importante presentar algunos datos organizacionales de Puck Solutions©. En el momento de su creación (2008) la empresa inició operaciones a partir de una inversión de cerca de 60.000€.

Uno de los pilares estratégicos de Puck Solutions© radica en la consolidación de las operaciones con sus clientes. Por ello los resultados del lado de los ingresos son altamente positivos: el número de clientes se triplicó en los 3 primeros años de la empresa, y el volumen de ventas aumentó más de 170% entre 2009 y 2011. Como resultado del incremento en la actividad de la empresa, se pasó de contar con 3 empleados en 2008 a los 16 trabajadores que reporta la empresa en 2011 (24 en 2012).

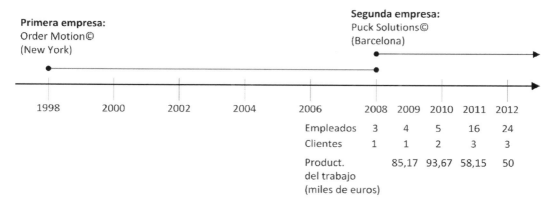

Figura 3.6. La evolución de Puck Solutions©

En términos absolutos, los buenos resultados de ventas se traducen en mayores be- neficios. El resultado operativo de la empresa y el resultado neto del período se multiplica- ron por 5 entre 2009 y 2011 (Tabla 3.1). A pesar del significativo aumento en los beneficios, un segundo pilar estratégico de Puck Solutions© se relaciona con la política de reparto de beneficios. De esta forma, la empresa adoptó la política de re-inversión de beneficios con el fin de asegurar la consolidación de la empresa, y no fue hasta el año 2011 cuando se decidió por primera vez repartir 20.000€ en forma de dividendos entre los accionistas.

Los resultados de Puck Solutions© son altamente positivos en términos absolutos, sin embargo es más importante analizar la información desde una óptica analítica que

	2009	2010	2011
Empleados	4	5	16
Número de clientes	1	2	3
Activo total	56.219€	120.667€	277.523€
Recursos propios	26.249€	75.537€	185.314€
Ventas	340.675€	468.331€	930.466€
Flujo de caja	29.617€	52.447€	142.137€
Resultado de la explotación	32.563€	61.869€	161.821€
Resultado del ejercicio	25.614€	49.288€	129.777€

Tabla 3.1. Puck Solutions©: Información general

vaya más allá de la evaluación de los meros números. Para ello, se propone un análisis básico basado en ratios financieros. Los ratios financieros son expresiones matemáticas que se calculan a partir de los estados financieros con el fin de evaluar el desempeño de la empresa. Teniendo en cuenta la perspectiva longitudinal del análisis propuesto, este tipo de enfoque permite obtener una visión sobre la posición relativa de la empresa y de su evolución en el tiempo.

En primer lugar se presentan los resultados para los ratios de posición financiera. El objetivo de este grupo de ratios es evaluar la empresa desde una óptica donde la gestión de liquidez y solvencia juegan el papel principal. Estos ratios pueden dividirse en dos grupos, donde en primer lugar se presentan aquellos que se centran en evaluar la liquidez de la empresa:

$$\text{Ratio Liquidez} = \text{Activo Circulante} / \text{Pasivo Circulante}$$
$$\text{Prueba Acida} = \text{Tesorería} / \text{Pasivo Circulante}$$

(3.1)

De la expresión (3.1) se observa que estos ratios se basan en la posición de liquidez de la empresa en el corto plazo. En ambos casos las expresiones miden la capacidad de la empresa para hacer frente a la deuda de corto plazo con sus recursos más líquidos. En ambos casos Puck Solutions© muestra resultados positivos. Si bien es cierto que el resultado del ratio de liquidez inmediata (prueba ácida) muestra una tendencia negativa en el tiempo, su resultado indica que la disponibilidad de tesorería de la empresa en 2011 le permite cubrir el 57,48% de la deuda de corto plazo. Esto significa que (en ausencia de ingresos por ventas) la empresa tiene una posición de liquidez que le permite hacer frente a sus compromisos de corto plazo.

	2009	2010	2011
Fondo de Maniobra	18.524€	49.568€	90.066€
Ratio de liquidez (Activo circulante / Pasivo circulante)	1,6181	2,0983	1,9768
Prueba ácida (liquidez inmediata) (Tesorería / Pasivo circulante)	0,9205	0,7439	0,5748
Ratio de Solvencia (Fondos propios / Activo)	46,69%	62,60%	66,77%

Tabla 3.2. Ratios de posición financiera para Puck Solutions©

Por otra parte se presenta el ratio de solvencia, el cual se expresa como la relación entre los fondos propios y el activo total (Fondos Propios / Activo Total). Este ratio mide el endeudamiento de la empresa y su resultado da una idea del riesgo de la empresa por financiación. En este caso se observa como el peso relativo de los fondos propios en la estructura de deuda de la empresa aumenta en el tiempo, por lo que el nivel de apalancamiento financiero se considera bajo.

El segundo bloque de ratios se centra en el análisis de la gestión de clientes y proveedores por parte de la empresa. Los ratios a considerar son los siguientes:

$$\text{Periodo Medio de Cobro (PMC)} = \frac{\text{Clientes (Deudores)}}{\text{Ventas}/365}$$

$$\text{Periodo Medio de Pago (PMP)} = \frac{\text{Acreedores comerciales}}{\text{Compras}/365}$$

(3.2)

En el caso del periodo medio de cobro se busca medir la velocidad promedio (expresada en días) con la que la empresa cobra a aquellos clientes a los cuales se les permite pagar a plazo. En este caso, el resultado en la Tabla 3.3 muestra que en 2011 Puck Solutions© cobra a sus clientes en algo más de 51 días. Destacar que la tendencia de la gestión de cobro es negativa, ya que la empresa en 2009 cobraba a sus clientes en un periodo medio de 19 días.

El periodo medio de pago mide el tiempo medio (en días) que la empresa tarda en pagar a sus proveedores (acreedores comerciales). El resultado para Puck Solutions© en este caso es altamente positivo desde la perspectiva de gestión, ya que desde 2009 la empresa ha ido dilatando el tiempo medio de pago a sus acreedores comerciales, pasando de pagar en 107 días en 2009 a pagar a sus proveedores en algo más de 6 meses en 2011 (185 días).

El último grupo de ratios financieros evalúan la rentabilidad económica y financiera de la empresa. En este caso proponemos evaluar dos dimensiones del desempeño em-

	2009	2010	2011
Periodo medio de Cobro (días)	18,77	43,60	51,64
Periodo medio de Pago (días)	107,79	147,83	185,73

Tabla 3.3. Ratios de actividad para Puck Solutions©

presarial: la rentabilidad financiera y la rentabilidad económica. La rentabilidad financiera (ROE) se obtiene de dividir el beneficio neto del ejercicio por los fondos propios aportados por los accionistas a la empresa (Resultado Neto / Fondos Propios), y su resultado indica la proporción del beneficio que corresponde por euro invertido. El resultado para 2011 en la Tabla 3.4 indica que por cada euro invertido por los socios de Puck Solutions© se generaron 70 céntimos de beneficio neto, valor que es superior a la tasa de rentabilidad financiera reportada en 2010 (65,25%).

La rentabilidad económica (ROA) se entiende como la relación entre el beneficio de la explotación y los activos de la empresa. Esta variable aproxima el concepto de eficiencia en la utilización de los activos, ya que busca determinar la tasa de beneficio operativo con respecto a las inversiones hechas en activos dentro de la empresa (expresión 3.3).

$$ROA = \frac{\text{Beneficio Op}}{\text{Activo Total}} = \text{Tasa de Margen} \times \text{Rotación de Activos}$$

$$ROA = \frac{\text{Beneficio Op}}{\text{Activo Total}} = \frac{\text{Beneficio Op}}{\text{Ventas}} \times \frac{\text{Ventas}}{\text{Activo Total}}$$

(3.3)

En la expresión (3.3) también se puede ver como la rentabilidad económica puede expresarse como una función del margen de beneficio de la empresa (Tasa de margen) y de su nivel de actividad (Rotación de activos). La tasa de margen (Beneficio operativo / Ventas) es una variable que muestra que porcentaje de las ventas se convierte en beneficio, esto es, el beneficio obtenido por cada euro facturado. La Rotación de Activos (Ventas / Activo) se aproxima al concepto de intensidad de la actividad empresarial, indicando cuantos euros en ventas se generaron a partir de las inversiones hechas en activos dentro de la empresa.

	2009	2010	2011
Rentabilidad financiera (ROE)	97,58%	65,25%	70,03%
Rentabilidad económica (ROA)	57,92%	51,27%	58,31%
Tasa de margen de contribución (Res. Explotación / Ventas)	9,56%	13,21%	17,39%
Rotación de activos (Ventas / Activo)	6,06 veces	3,88 veces	3,35 veces

Tabla 3.4. Desempeño económico y financiero de Puck Solutions©

El análisis conjunto de la tasa de margen y la rotación de activos es especialmente útil ya que permite obtener información valiosa para comprender la orientación estratégica de la empresa. Por ejemplo, una empresa con una tasa de margen relativamente baja y niveles de rotación de activos que superan con creces la unidad podría permitir concluir que la empresa sigue una estrategia cercana a la eficiencia productiva, a través de la minimización de costes, donde la venta de grandes cantidades de producto sustentan el negocio.

En el caso de Puck Solutions© vemos como la empresa en sus primeros años de actividad ha evolucionado de una política de bajas tasas de margen con altos niveles de generación de actividad de negocio (en comparación con las inversiones en activos) (para 2009, Tasa de margen: 9,56% - Rotación Activos: 6,06 veces); a una posición donde la tasa de margen ha crecido de forma substancial hasta ser del 17,39% en 2011, y el volumen de ventas es 3,35 veces la inversión en activos.

Los datos mostrados en la Tabla 3.1 indican que las ventas de Puck Solutions© crecieron más de 170% entre 2009 y 2011; mientras que el activo total prácticamente se multiplicó por 5 pasando de 56.219€ en 2009 a 277.523€ en 2011. Esta información junto al resultado de las variables económico-financieras podría ser consideradas como una señal de que el valor añadido del servicio ofrecido por Puck Solutions© permite incrementar los márgenes de beneficio; y que este tipo de servicios basados en conocimiento y con un elevadísimo componente tecnológico permite crear fuertes economías de escala.

En el caso de la rotación de activos, su tendencia negativa viene explicada por el acelerado crecimiento de la empresa en términos de trabajadores, la cual multiplicó por 4 el número de empleados entre 2009 y 2011 (Tabla 3.1). Claramente la tasa de crecimiento del empleo en Puck Solutions© está muy por encima de la ya elevada tasa de variación de las ventas que fue del 173% en el mismo periodo (Tabla 3.1). Además, la menor tasa de crecimiento de las ventas puede venir explicada por la desaceleración económica por la que atraviesa gran parte de la Unión Europea y Estados Unidos.

En este caso concreto, la combinación del elevado crecimiento en el empleo y la menos acentuada variación en los ingresos tiene un efecto sobre la productividad del trabajo. La productividad del trabajo, calculada a partir del ratio de ventas dividido por el número de empleados, refleja la contribución que cada trabajador realiza a la empresa en términos de actividad económica. En Puck Solutions© la evolución de esta variable en el tiempo es negativa (Figura 3.7), sin embargo, las causas de dicha tendencia se pueden considerar positivas al estar asociadas a una mayor tasa de creación de empleo.

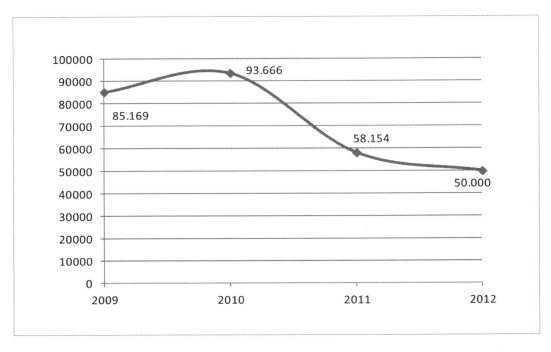

Figura 3.7. Puck Solutions©: Productividad parcial del trabajo (Ventas por empleado)

3.3.2. La viabilidad económica de Puck Solutions©: Análisis ex ante

Hasta ahora se ha analizado el desempeño de Puck Solutions© desde una óptica dominada por ratios unidimensionales de naturaleza estática. Por ello, este apartado finaliza exponiendo un análisis dinámico basado en los flujos de caja futuros esperados por la empresa. Esta herramienta, denominada Valor Actual Neto (VAN), permite estimar el valor presente de un número determinado de flujos de caja (FC) futuros que la empresa espera generar fruto de su actividad económica esperada $\left(\sum_{t=1}^{T} \frac{FC_t}{(1+r)^t} \right)$. Dichos flujos se originan a partir de la inversión inicial realizada (I_0), y el cálculo del VAN se lleva a cabo teniendo en cuenta una tasa de rentabilidad mínima exigida (r). En términos de notación, el VAN se expresa como:

$$VAN = -I_{t=0} + \frac{FC_{t=1}}{(1+r)^1} + \frac{FC_{t=2}}{(1+r)^2} + ... + \frac{FC_{t=T}}{(1+r)^T}$$

$$VAN = -I_{t=0} + \sum_{t=1}^{T} \frac{FC_t}{(1+r)^t}$$

(3.4)

De esta forma, el VAN es una herramienta de evaluación de proyectos de inversión que busca estimar *ex ante* la potencial viabilidad económica de una iniciativa empresarial.

En términos de resultados, cuando VAN > 0 se puede interpretar que, el valor creado por la empresa, expresado como los flujos de caja futuro esperados, supera el monto de la inversión inicial, y en consecuencia el proyecto de inversión analizado tiene una valoración positiva. Por el contrario, en el caso que VAN < 0 se pude concluir que el proyecto de inversión no genera suficiente actividad económica para justificar la inversión inicial.

A efectos ilustrativos, a continuación se presenta el cálculo del VAN para Puck Solutions©. En cuantos a los supuestos para el cálculo del VAN, en primer lugar indicar que se tendrá en cuenta la inversión inicial real llevada a cabo para iniciar el negocio (59.219€). En segundo lugar, y dado que el VAN se basa en el análisis de flujos de caja futuros derivados de expectativas de ventas, los valores asignados a los flujos de caja para los 3 primeros años de operaciones son ficticios. Por último, la tasa de rentabilidad mínima exigida (*r*) se aproxima a través de la rentabilidad económica (ROA) promedio de las empresas del sector de consultoría informática (Código CNAE: 6202) para 2008, la cual fue de 55,45%.[11] Los datos para calcular el VAN se muestran en la Tabla 3.5.

A partir de la información provista es posible estimar el potencial económico de Puck Solutions©. A partir de la ecuación (3.4) el cálculo del VAN se muestra a continuación:

$$VAN = -I_{t=0} + \sum_{t=1}^{T} \frac{FC_t}{(1+r)^t}$$

$$VAN = -59.219 + \frac{30.000}{(1+0.5545)^1} + \frac{60.000}{(1+0.5545)^2} + \frac{90.000}{(1+0.5545)^3}$$

$$VAN = 8.868,50€$$

De esta forma, es posible descomponer el VAN en sus dos componentes. Por una parte la inversión inicial (*I*: −59.219€), y por otra parte el Valor Actual (VA) de los flujos de caja futuros esperados $\left(\sum_{t=1}^{T} \frac{FC_t}{(1+r)^t} = 68.087,50€ \right)$. Tal y como se indicó anteriormente, el resultado del VAN (8.868,50€) sugiere que la empresa es económicamen-

---

[11] Datos obtenidos a partir de la base de datos SABI (Sistema de Análisis de de Balances Ibéricos) provista por el Bureau Van Dijk.

	2008	2009	2010	2011
Inversión inicial (I_0)	−59.219€			
Flujos de caja estimados (FC)		30.000€	60.000€	90.000€

Tabla 3.5. Datos para el cálculo del Valor Actual Neto de Puck Solutions[©]

te viable, obteniendo rentabilidades superiores a la rentabilidad media del sector (55,45%) durante ese mismo periodo de tiempo.

3.3.3. *Valoración de empresas: El valor de Puck Solutions© en el presente (ex post)*

Esta última sección presenta, de forma sucinta, el análisis que permite determinar el valor de mercado (VM) de Puck Solutions[©]. La valoración de empresas es un aspecto fundamental para cualquier negocio, y su correcta estimación contribuye de forma positiva en procesos de negociación relacionados con fusiones, adquisiciones, ampliaciones de capital, entre otros.

Existen diversos métodos para estimar el valor de una empresa (Fernández, 2008), sin embargo, para efectos de este caso se empleará como herramienta de análisis el método basado en el descuento de los flujos de caja netos (*free cash flow*). La elección de éste método se sustenta en su similitud con la técnica empleada en el apartado anterior, lo que permite incrementar la consistencia del análisis. Mientras que el análisis del VAN es una valoración *ex ante* de la viabilidad económica de un proyecto basada en flujos de caja futuros esperados; el análisis de valoración de empresas a través del método del *free cash flow* permite aproximar el valor de la empresa a partir de los flujos de caja efectivamente generados por la empresas fruto de su actividad económica (*ex post*).

El cálculo del valor de una empresa a través de éste método implica descontar los flujos de caja de la empresa utilizando el coste promedio ponderado de los recursos financieros empleados por la empresa (WACC).[12] El WACC es la tasa empleada para descontar los flujos de caja generados por la empresa, y se calcula de la siguiente forma:

---

[12] WACC es el acrónimo en inglés de weighted average cost of capital (coste promedio ponderado de los recursos financieros).

$$\text{WACC} = \left(k \times \frac{C}{(C+D)} \right) + \left(\left[d \times \{1-g\} \right] \times \frac{D}{(C+D)} \right) \qquad (3.5)$$

En la ecuación (3.5) C es el valor de los fondos propios de la empresa, D es el valor de la deuda financiera contraída por la empresa, k es la tasa de rentabilidad exigida a las acciones (variable que aproxima el riesgo de las acciones), d es la tasa de coste de la deuda financiera (tasa de interés), y g es la tasa impositiva aplicada a la empresa. Un apunte a destacar es que el coste de la deuda se calcula con una base después de impuestos $(1-g)$ ya que el interés que la deuda genera es un gasto deducible del impuesto a los beneficios, generando una disminución en el pago de este impuesto.

De la expresión (3.5) se puede observar como el WACC se calcula ponderando el coste de la deuda (d) y el coste de las acciones (k) en función de la estructura financiera de la empresa. Así, el WACC es fundamental para la valoración de la empresa, ya que considera la rentabilidad exigida a la deuda financiera y al capital aportado por los accionistas en función de la proporción en la que financian la empresa (Fernández, 2004).

En el caso de Puck Solutions©, se propone obtener el valor de mercado de la empresa para cada uno de los periodos con que se dispone de información contable (2009-2011). Los datos se presentan en la Tabla 3.6.

La información para conocer la tasa de coste de la deuda (d) y la tasa de coste de los fondos propios (k) se obtuvo a partir de los estados financieros de la empresa. En el caso del coste de la deuda el valor en la Tabla 3.6 refleja la tasa de interés promedio pagada por la empresa en cada periodo (gasto en intereses / deuda). Para el cálculo

	2009	2010	2011
Flujo de caja (Tabla 1) (*FC*)	29.617€	52.447€	142.137€
Recursos propios (Tabla 1) (*C*)	26.249€	75.537€	185.314€
Deuda total (*D*)	29.970€	45.130€	92.209€
Total de recursos financieros (*C + D*)	56.219€	120.667€	277.523€
Tasa de coste de la deuda (*d*)	28,30%	18,73%	2,06%
Tasa de coste de fondos propios (*k*)	10,79%	10,79%	10,79%

Tabla 3.6. Información para valoración de empresas: Puck Solutions©

	2009	2010	2011
Flujo de caja (Tabla 1) (FC)	29.617€	52.447€	142.137€
$k \times \dfrac{C}{(C+D)}$	5,04%	6,75%	7,20%
$\left[d \times \{1-g\} \right] \times \dfrac{D}{(C+D)}$	12,07%	5,60%	0,55%
WACC	17,11%	12,36%	7,75%
Valor de mercado de Puck Solutions© = FC / WACC	173.126,33€	424.377,41€	1.833.433,15€

Tabla 3.7. Valor de mercado de Puck Solutions©: Método del free cash flow

del coste de capital se consideró la tasa de dividendos pagada por la empresa (pago de dividendos / fondos propios). Dada la política de reinversiones de Puck Solutions© en el periodo analizado la empresa solo repartió dividendos en 2011, por lo que en este caso se decidió por simplicidad emplear la tasa de dividendos pagada en 2011 (10,79%) para todo el periodo. Por último, la tasa de impuesto a las ganancias (g) exigida para Puck Solutions© es del 20%.

A partir de esta información es posible estimar el valor de mercado de Puck Solutions©. Para ello, primero se debe emplear la ecuación (5) para estimar la tasa de coste promedio ponderado de los recursos financieros (WACC) de la empresa. Una vez calculado WACC el valor de mercado (VM) de la empresa en un periodo dado (t) emerge de descontar el flujo de caja por dicha tasa, esto es: $VM_t = FC_t / WACC_t$.

En el caso de Puck Solutions©, el resultado del cálculo del valor de mercado a través del método del *free cash flow* se presenta en la Tabla 3.7.

De esta forma se observa como el valor de mercado de Puck Solutions© ha ido creciendo de forma exponencial en el periodo analizado, hasta alcanzar una valoración de más de 1,8 millones de euros en 2011.

Referencias empleadas en el capítulo

Bakos, Y. (2001). The Emerging Landscape of E-Commerce. *Journal of Economic Perspectives*, 15(1): 69-80.

Besanko, D., Dranove, D., Shanley, M., & Schaefer, S. (2013). *Economics of Strategy*, 6th ed., New York: John Wiley & Sons.

Brealey, R.A., & Myers, S.C. (2003). *Principles of Corporate Finance*, 7th ed., Boston, MA: McGraw-Hill.

Christensen C.M, & Overdorf M. (2000). Meeting the Challenge of Disruptive Change. *Harvard Business Review*, March: 66-75.

Cope, J. (2011). Entrepreneurial learning from failure: An interpretative phenomenological analysis. *Journal of Business Venturing*, 26(6): 604-623.

Dimov, D., Shepherd, D.A., & Sutcliffe, K.M. (2007). Requisite expertise, firm reputation, and status in venture capital investment allocation decisions. *Journal of Business Venturing*, 22: 481-502.

Dimov, D., & Gedajlovic, E. (2010). A property rights perspective on venture capital investment decisions. *Journal of Management Studies*, 47(7): 1248-1271

Fernández, P. (2004). *Valoración de empresas*. Tercera edición, Ediciones Deusto/Gestión.

Fernández, P. (2008). Métodos de valoración de empresas. IESE Business School, Documentos de Investigación DI-771 (Noviembre).

Gompers, P., Lerner, J., & Scharfstein, D. (2005). Entrepreneurial Spawning: Public Corporations and the Genesis of New Ventures, 1986 to 1999. *Journal of Finance*, 60(2): 577-614.

Jensen, M.C., & Meckling, W.H. (1976). Theory of the firm: managerial behavior, agency costs, and ownership structure. *Journal of Financial Economics*, 3(4): 305-360.

Lafuente, E., Vaillant, Y., & Rialp, J. (2007). Regional Differences in the Influence of Role Models: Comparing the Entrepreneurial Process of Rural Catalonia. *Regional Studies*, 44: 779-795.

Lazear, E. (2005). Entrepreneurship. *Journal of Labor Economics*, 23(4): 649-680.

Martiarena, A. (2013). What's so entrepreneurial about intrapreneurs? *Small Business Economics*. 40(1): 27-39.

Martin, J.K., & McConnell, J.J.(1991). Corporate performance, Corporate takeovers, and Management turnover. *Journal of Finance*, 46(2): 671-687.

Milgrom, P., & Roberts, J. (1992). *Economics, Organization and Management*, Englewood Cliffs: Prentice Hall.

Ortín-Ángel, P., & Vendrell-Herrero, F. (2010). Why do University Spin-offs attract more Venture Capitalists? *Venture Capital*, 12(4): 285-306

Politis, D. (2008). Does prior start-up experience matter for entrepreneur's learning? A comparison between novice and habitual entrepreneurs. *Journal of Small Business and Enterprise Development*, 15(3): 472-489.

Porter, M.E. (1985). *Competitive Advantage: Creating and Sustaining Superior Performance*, New York: Free Press.

Porter, M.E. (1996). What is Strategy? *Harvard Business Review*, November-December: 61-78.

Porter, M.E. (2001). Strategy and the Internet. *Harvard Business Review*, March: 63-78.

Teece, D.J. (2009). *Dynamic Capabilities and Strategic Management: Organizing for Innovation and Growth*, Oxford: Oxford University Press.

Tidd J., Bessant J.R, & Pavitt K. (2005). Managing Innovation: Integrating Technological. Market and Organizational Change, New York: John Wiley & Sons.

Ucbasaran, D., Westhead, P., & Wright, M. (2011). Why Serial Entrepreneurs Don't Learn from Failure. *Harvard Business Review*, April: 26.

Vulkan, N. (1999). Economic Implications of Agent Technology and E-Commerce. *Economic Journal*, 109(453): 67-90.

Ejercicios

Ejercicio 3.1. Evaluación de una inversión

Analizando con mayor precisión y detalle la operación de compra de Order Motion© por parte de Commercial Ware©. Suponga que existe una oferta de compra para Order Motion© donde Commercial Ware© encarga un estudio independiente para estimar el valor de Order Motion©. Fruto del análisis, la consultora independiente estima los flujos de caja para los primeros cinco años en función del esfuerzo esperado del directivo. Los resultados se muestran a continuación:

Año	Esfuerzo Bajo	Esfuerzo Alto
0	0	0
1	100	500
2	250	750
3	500	1.000
4	750	1.500
5	1.000	2.812

Tabla A1. Flujos de caja estimados para Order Motion© (valores en miles de US$)

Sabiendo que la tasa mínima de rentabilidad exigida por Commercial Ware© es del 8%:

a) Determine el valor actual (VA) para ambas alternativas

b) Comente brevemente la relación entre el resultado obtenido en el apartado a) y los incentivos subyacentes al contrato de compra finalmente ofrecido por Commercial Ware©.

Ejercicio 3.2. Estrategias de integración vertical

Suponga que la empresa A está considerando la posibilidad de integrar en su estructura organizacional a la empresa B con la cual tiene estrechas relaciones comerciales. El objetivo de la integración es ejercer mayor control sobre los pedidos (cantidad y calidad) de la empresa B. ¿Qué mecanismos de integración (fusión o adquisición estructurada) favorece más a la empresa A para minimizar el problema de riesgo moral en el caso de que la empresa B sea intensiva en activos tangibles? ¿Y qué opción beneficia más a la empresa A si la empresa B es intensiva en activos intangibles?

Ejercicio 3.3. Producir internamente o externalizar

En el marco del análisis de la cadena de valor, comente que criterios estratégicos y económicos justifican el mantener dentro de la estructura interna o externalizar las siguientes operaciones:

Actividades (operaciones)	Criterio económico	Criterio estratégico	Decisión: Gestión interna / Externalizar
En una entidad financiera: Gestión de bases de datos			
En una entidad financiera: Servicio de seguridad			
En un hospital: Servicio de lavandería			
En un hospital: Servicio de análisis de muestras clínicas			
En una universidad: Servicio de limpieza			
En una universidad: Gestión de contratos de patenes y licencias			

Tabla A2. Ejemplos de operaciones

Ejercicio 3.4. Gestión del conocimiento interno y valor empresarial

Suponga que existe una oferta de compra para Puck Solution© por parte de un inversor extranjero. La valoración de la empresa sigue la propuesta de la Tabla 7. El inversor ofrece 1,5 millones de euros si Patrick decide abandonar la empresa, y 2 millones de euros si Patrick continúa al frente de la empresa como Director General. Patrick propone vender la empresa por 2 millones de euros abandonando su puesto y manteniendo la plantilla. Teniendo en cuenta que el personal conoce a fondo el negocio y ha sido expuesto a un proceso de transmisión de conocimiento por parte de Patrick, comente las barreras y el alcance de un proceso de transmisión directa de capital humano por parte del emprendedor hacia los empleados. Dados estos supuestos, ¿Qué valor debería pagarse por Puck Solutions©?

Sobre los autores

FERRAN VENDRELL es profesor en economía de la empresa en la Universidad de Birmingham. Con más de un lustro impartiendo cursos de microeconomía, economía de la empresa y emprendimiento en diferentes centros como la Universidad Autónoma de Barcelona, la Universidad de Deusto, la Universidad Politécnica de Cataluña o la Universidad de Birmingham. Su investigación se centra en la evaluación de políticas públicas de innovación, y en la crisis de las industrias creativas. Ferran ha publicado en prestigiosas revistas como Technovation, Regional Studies, Small Business Economics, Supply Chain Management o International Journal of Production Economics. Lo puedes seguir en twitter (@fvendrell) y en su blog personal (www.fvendrell.com).

ESTEBAN LAFUENTE es profesor en la Universidad Politécnica de Cataluña. Tiene una extensa experiencia como docente donde ha impartido cursos de econometría, contabilidad y economía de la empresa en la Universidad Autónoma de Barcelona y Universidad Politécnica de Cataluña. Además, sirvió como Investigador Principal del Observatorio Catalán de Creación de Empresas adscrito al Global Entrepreneurship Monitor (GEM: www.gemconsortium.org) ente 2009 y 2013. Este proyecto le ha ayudado a tener una mejor comprensión del fenómeno emprendedor en España. La investigación de Esteban se centra en el análisis económico de las organizaciones y los individuos, con especial atención a la gestión de operaciones, al gobierno corporativo, y el emprendimiento. Sus investigaciones han sido publicadas en prestigiosas revistas de alto impacto internacional como British Journal of Management, Journal of Business Research, Technovation, Regional Studies y Safety Science.

6109126R00060

Printed in Great Britain
by Amazon.co.uk, Ltd.,
Marston Gate.